KB164465

초등

영어 교과서
필수 표현

It's sunny.

Who is she?

Can I take a picture?

How's the weather?

Sure, you can.

She is my sister.

English 교과서

이지스에듀

지은이 | 이지은(지니쌤)

교과서를 만들어 온 교육 전문가이자 두 딸을 키우고 있는 엄마이다. 7차 교육과정부터 2015 개정 교육과정까지 초·중·고등학교 영어 교과서를 개발했으며, 천재교육에서 15년간 근무하며 각종 파닉스, 영어 독해, 문법 교재 등을 기획하고 편집했다. 또한 회원 수 14만 명의 네이버 카페에서 영어 멘토로 활동했다. 현재 어린이영어연구회 소속이며, 〈즐거운 초등영어〉 유튜브 채널을 통해 다양한 콘텐츠를 제공하며 활발히 소통 중이다. 쓴 책으로 《바빠 초등 파닉스 리딩 1, 2》,《바빠 초등 하루 5문장 영어 글쓰기》,《너, 영어 교과서 씹어 먹어 봤니?》등이 있다.

감수 | Michael A. Putlack

미국의 명문 대학인 Tufts University에서 역사학 석사 학위를 받은 뒤 우리나라의 동양미래대학에서 20년 넘게 한국 학생들을 가르쳤다. 우리나라에서 어린이 영어 교재를 집필했을 뿐 아니라, ≪영어동화 100편≫시리즈, ≪7살 첫 영어 - 파닉스≫ 등 영어 교재 감수에도 참여했다.

영어 교과서 5종 핵심 표현을 한 권으로 총정리

바빠 초등 영어 교과서 필수 표현

초판 1쇄 발행 2023년 9월 18일
초판 3쇄 발행 2024년 11월 15일
지은이 이지은
발행인 이지연
펴낸곳 이지스퍼블리싱(주)
출판사 등록번호 제313-2010-123호
주소 서울시 마포구 잔다리로 109 이지스 빌딩 5층(우편번호 04003)
대표전화 02-325-1722   팩스 02-326-1723
이지스퍼블리싱 홈페이지 www.easyspub.com   이지스에듀 카페 www.easysedu.co.kr
바빠 아지트 블로그 blog.naver.com/easyspub   인스타그램 @easys_edu
페이스북 www.facebook.com/easyspub2014   이메일 service@easyspub.co.kr

본부장 조은미   기획 및 책임 편집 정지연 | 이지혜, 박지연, 김현주   교정 교열 이수정
디자인 손한나   삽화 플로그, 김학수, 한미정   이미지 제공 Shutterstock.com   조판 책돼지
마케팅 라혜주   영업 및 문의 이주동, 김요한(support@easyspub.co.kr)
독자 지원 박애림, 김수경   인쇄 명지북프린팅

ISBN 979-11-6303-503-9 63740
가격 15,000원

• **이지스에듀**는 이지스퍼블리싱(주)의 교육 브랜드입니다.

 (이지스에듀는 학생들을 탈락시키지 않고 모두 목적지까지 데려가는 책을 만듭니다!)

영어 교과서 5종 핵심 표현을 한 권으로 총정리

《바빠 초등 영어 교과서 필수 표현》

초등학교 3학년부터 배우는 영어! 초등학교의 영어 수업은 회화를 중심으로 이루어집니다. 초등 영어 교과과정의 목표가 묻고 답하는 능력을 키워 일상생활에서 영어로 의사소통할 수 있는 역량을 키우는 것이다 보니 초등 교과서에는 생활 영어에 꼭 필요한 표현이 가득 담겨 있습니다. 따라서 초등 영어를 잘하려면 교과서 속 회화 문장을 여러 번 반복 학습하는 것이 무엇보다 중요합니다.

초등 영어 교과서 5종 속 핵심 회화 표현을 쏙쏙 뽑았어요!

우리나라 초등 영어 교과서는 각기 다른 5개의 출판사에서 출간됩니다. 하지만 어떤 교과서를 쓰고 있어도 괜찮습니다. 《바빠 초등 영어 교과서 필수 표현》은 5종 교과서를 분석해 공통으로 다루고 있는 핵심 표현들을 모두 담았으니까요.

학년별로 알아야 할 회화 표현을 한 권에 모았어요!

초등 3·4학년과 5·6학년 친구들이 알아야 할 영어 회화 표현들은 다릅니다. 《바빠 초등 영어 교과서 필수 표현》의 PART 1은 초등 3·4학년 교과서에 나오는 표현 중 25개의 필수 대화문을 선정했고, PART 2는 초등 5·6학년 교과서에 나오는 표현 중 25개의 필수 대화문을 선정했어요. 따라서 앞에서부터 차근차근 공부하면 초등 영어 회화 표현을 모두 익힐 수 있고, 본인 학년에 맞는 파트만 골라 공부할 수도 있어요.

학교 영어를 잘하는 것은 물론, 회화의 기본기를 탄탄히 할 수 있어요!

초등 영어 교과서는 회화 표현들을 중심으로 배웁니다. 따라서 이 책으로 연습하다 보면 영어 교과서를 복습하는 효과가 생깁니다. 게다가 표현을 학습하면서 알게 모르게 초등 필수 어휘도 함께 학습하게 됩니다.

교과서 표현들은 영어 회화의 기초 뼈대와 같은 표현들이므로, 교과서 표현들을 충분히 연습한 후에 추가 단어와 표현들을 익힌다면 회화 표현력까지 풍부해질 것입니다.

풍부한 / 회화 표현력 / 기초 회화 / 학교 영어

자, 이제 바쁜 친구들이 즐거워지는 빠른 영어 표현 학습법을 만나 볼까요?

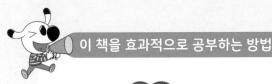

1단계 대화를 듣고 내용을 추측하기

먼저 QR코드를 찍어 대화를 들어 보세요.
그리고 그림을 보며 대화 내용을 추측해 보세요.

원어민이 녹음한
대표 표현을
들어 보세요.

UNIT 48-1

How about turning off the water?

Okay. You're right.

잠깐
만요
앞에서 'Let's ~'라는 권유하는 표현을 배웠던 것 기억하나요? 'How about ~?'도 권유하는 표현이지만
'Let's ~'처럼 같이 하자는 느낌보다는 당연히 해야 할 일을 좀 더 부드럽게 요청하는 느낌이에요.

2단계 듣고 따라 말하기

두 번씩 들려주는 원어민 음원을 듣고 따라 말해 보세요.
처음 들을 때에는 듣기에 집중하고, 두 번째에는 잘 듣고 따라 말해 보세요.
1~4번 표현을 차례대로 바꾸어 가며 말해 보세요.

대표 표현과
1~4번 표현을
모두 들을 수
있어요.

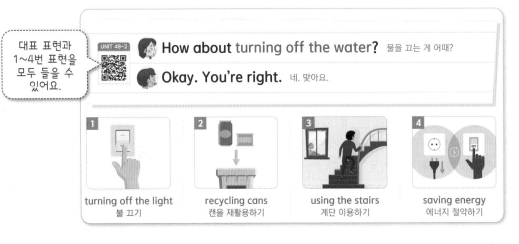

UNIT 48-2

How about turning off the water? 물을 끄는 게 어때?

Okay. You're right. 네, 맞아요.

1	2	3	4
turning off the light	recycling cans	using the stairs	saving energy
불 끄기	캔을 재활용하기	계단 이용하기	에너지 절약하기

✋ 잠깐! 이 책의 회화 표현 전체를 이어서 듣고 싶다면?

초등 영어 교과서 필수 회화
252개 듣기

이지스에듀의 유튜브 채널인 '바빠 TV(@easys_edu)'에서
이 책의 회화 표현 전체 듣기를 해 보세요.
본인에게 맞는 재생 속도를 천천히 또는 빠르게 조절해서 들으
면 유용해요!

3단계 우리말을 보고 문장 완성하기

우리말을 보고 빈칸에 알맞은 단어를 채워 보세요.
그런 다음 완성한 문장은 큰 소리로 읽어 보세요.

> 2단계에서 들은
> 회화 표현들을
> 손으로 쓰면서
> 모두 내 것으로
> 익혀요!

1 **A How about** _____ _____ _____ _____?
   불을 끄는 게 어때?

   B Okay. You're right. 네. 맞아요.

2 **A How about** _____ _____? 캔을 재활용하는 게 어때?

   B Okay. _____ _____. 네. 맞아요.

4단계 녹음하기

오늘 배운 회화 표현 5가지를 모두 녹음해 보세요.
녹음하기 전에는 문장을 틀리지 않고 읽을 때까지 충분히 연습해야 해요.
그리고 녹음할 때에는 마치 원어민 성우가 된 것처럼 말해 보세요.
녹음한 소리를 들으면서 원어민의 소리와 내 소리가 어떻게 다른지 비교해
보세요.

녹음한 음원은
꼭 다시 들어 보세요!

●REC 오늘 배운 회화 표현을 녹음해 보세요.

? 왜 녹음을 해야 할까? 내 발음과 억양을 확인하기 위해서예요.
확인하는 과정이 없다면 잘못된 발음이나 억양으로 굳어질 수 있으니까요.

★ 학년별 학습 가이드 ★

**파닉스를 끝내지 못했거나 문장 읽기가
아직은 어려운 초등 1~3학년이라면?**

문장 단위로 읽는 것보다는 단어나 어구부터
읽는 연습을 해 보세요. 그런 다음 원어민이
읽어 주는 문장을 듣고 따라 말하는 연습을 해
보세요.

**문장 읽기가 어느 정도 준비된
초등 4~6학년이라면?**

고학년부터는 A와 B의 대화를 모두 말하는
연습을 하는 것이 좋아요. 친구나 부모님과 함
께 역할을 바꾸어 가며 연습하면 좀 더 재밌게
공부할 수 있어요.

PART 1 초등 3·4학년 교과서 필수 표현

PART 2 초등 5·6학년 교과서 필수 표현

PART 1

초등 3·4학년
교과서 필수 표현

Units 01~25 전체 듣기

배울 내용 살펴보기

☆ 지니쌤 한마디

초등 3학년부터 학교에서 영어를 처음 배워요. 초등 3,4학년 친구들이 영어 수업 시간에 잘 적응하도록 핵심 영어 표현 25가지를 뽑았어요. 인사하기, 안부 묻기, 기분 묻고 답하기 등 기본적인 생활 회화 표현을 배울 수 있어요.

UNIT 01

초등 3학년 · 인사하기

Hello, I'm Seho.
안녕, 난 세호야.

Listen and Guess 그림을 보며 대화를 듣고 어떤 내용인지 추측해 보세요.

UNIT 01-1

Hello, I'm Seho.

Hi, I'm Clara.

잠깐 만요 | 누군가를 만났을 때 'Hello.' 또는 'Hi.'라고 인사해요. 처음 만난 사이에 상대방이 이름을 먼저 밝힌다면 여러분도 자신의 이름을 말해야 겠지요? 그럴 때는 I'm이나 I am 뒤에 이름을 말하면 돼요. 헤어질 때 인사는 'Bye-bye.', 'Good bye.'라고 한다는 것도 알아두면 좋아요.

Listen and Speak 잘 듣고 따라 말해 보세요.

 UNIT 01-2 **Hello, I'm Seho.** 안녕, 난 세호야.

 Hi, I'm Clara. 안녕, 난 클라라야.

I'm은 I am의 줄임말이에요.

1

Brian
브라이언

2

Jimin
지민

3

Hana
하나

4

Lea
리아

1 Ⓐ **Hello, I'm Seho.** 안녕, 난 세호야.

   Ⓑ **Hi, I'm _____.** 안녕, 난 브라이언이야.

   > 이름을 쓸 때는 항상 대문자로 시작해요.

2 Ⓐ **Hello, ____ Seho.** 안녕, 난 세호야.

   Ⓑ **Hello, ____ _____.** 안녕, 난 지민이야.

3 Ⓐ **Hi, I'm _____.** 안녕, 난 세호야.

   Ⓑ **Hello, ____ _____.** 안녕, 난 하나야.

4 Ⓐ **Hi, ____ _____.** 안녕, 난 세호야.

   Ⓑ **_____, ____ _____.** 안녕, 난 리아야.

○━ Ⓐ **_____** 안녕, 난 세호야.
key

   Ⓑ **Hi, I'm _____.** 안녕, 난 클라라야.

★ 이름과 성을 함께 말할 때는 Seho Kim 과 같이 이름 다음에 성을 말해요. 우리나라에서 말하는 순서와는 다르다는 점을 기억하세요.

●**REC** 오늘 배운 회화 표현을 녹음해 보세요.

> 녹음한 음원은 꼭 다시 들어 보세요!

지니쌤 녹음 TIP ★ 'Listen and Speak'에서 들은 원어민의 발음을 흉내 내면 더욱 효과적이에요. 그리고 녹음한 내 목소리를 꼭 다시 들어 보세요.

초등 3학년　안부 묻고 답하기

How are you?

기분이 어때?

Listen and Guess 그림을 보며 대화를 듣고 어떤 내용인지 추측해 보세요.

UNIT 02-1

How are you?

I'm fine. Thanks.

잠깐
만요
아는 사이에 안부를 묻는 질문은 'How are you (today)?', 'How are you doing?', 'How's it going?' 등으로 다양해요. 이에 대한 대답 역시 자신의 기분에 따라 다르게 대답할 수 있어요.

Listen and Speak 잘 듣고 따라 말해 보세요.

UNIT 02-2

 How are you? 기분이 어때?

 I'm fine. Thanks. 좋아. (물어봐 줘서) 고마워.

1

I'm great.
아주 좋아.

2

So-so.
그냥 그래.

3

Not bad.
나쁘지 않아.

4

I'm not good.
별로야.

1 Ⓐ **How are you?** 기분이 어때?

   Ⓑ _____ _____. **Thanks.** 아주 좋아. (물어봐 줘서) 고마워.

2 Ⓐ _____ **are you?** 기분이 어때?

   Ⓑ _____. **Thanks.** 그냥 그래. (물어봐 줘서) 고마워.

3 Ⓐ **How** _____ **you?** 기분이 어때?

   Ⓑ _____ _____. **Thanks.** 나쁘지 않아. (물어봐 줘서) 고마워.

4 Ⓐ _____ _____ **you?** 기분이 어때?

   Ⓑ _____ _____ _____. **Thanks.** 별로야. (물어봐 줘서) 고마워.

🗝 key Ⓐ _____ 기분이 어때?

   Ⓑ _____ _____. **Thanks.** 좋아. (물어봐 줘서) 고마워.

★ 대답 뒤에 붙이는 'Thanks.'는 'Thanks for asking.'의 줄임말로 자신의 안부를 물어봐 줘서 고맙다는 뜻으로 붙이는 거예요. 그러니까 예의를 갖추어 말할 때에는 붙여주는 게 좋겠지요?

녹음한 음원은 꼭 다시 들어 보세요!

●**REC** 오늘 배운 회화 표현을 녹음해 보세요.

초등 3학년　나이 묻고 답하기

How old are you?

넌 몇 살이니?

Listen and Guess　그림을 보며 대화를 듣고 어떤 내용인지 추측해 보세요.

UNIT 03-1

How old are you?

I'm seven years old.

잠깐만요

'How old are you?'라는 질문은 조심해서 써야 해요. 서양에서는 어른의 나이를 직접적으로 묻는 것이 예의에 어긋난다고 생각하는 경우가 많거든요. 다만 어른이 아이에게 나이를 묻거나 아이들끼리 나이나 학년을 물어보는 것은 자연스러워요. 자신의 나이를 말할 때는 「I'm + 숫자 + years old」라고 하거나 「I'm 숫자」만으로 대답하기도 해요.

Listen and Speak　잘 듣고 따라 말해 보세요.

UNIT 03-2

 How old are you?　넌 몇 살이니?

 I'm seven years old.　전 7살이에요.

1

eight
여덟, 팔

2

nine
아홉, 구

3

ten
열, 십

4

eleven
열하나, 십일

1　Ⓐ **How old are you?** 넌 몇 살이니?

　　Ⓑ **I'm _____ years old.** 전 8살이에요.

2　Ⓐ **_____ old are you?** 넌 몇 살이니?

　　Ⓑ **I'm _____ years old.** 전 9살이에요.

3　Ⓐ **_____ _____ are you?** 넌 몇 살이니?

　　Ⓑ **____ _____ years old.** 전 10살이에요.

4　Ⓐ **_____ _____ _____ _____?** 넌 몇 살이니?

　　Ⓑ **____ _____ years old.** 전 11살이에요.

🔑key　Ⓐ **_____** 넌 몇 살이니?

　　Ⓑ **I'm _____ years old.** 전 7살이에요.

★ 1에서 20까지 숫자를 확인해 볼까요?

one	two	three	four	five	six	seven	eight	nine	ten
1	2	3	4	5	6	7	8	9	10
eleven	twelve	thirteen	fourteen	fifteen	sixteen	seventeen	eighteen	nineteen	twenty
11	12	13	14	15	16	17	18	19	20

녹음한 음원은 꼭 다시 들어 보세요!

●**REC** 오늘 배운 회화 표현을 녹음해 보세요.

초등 3학년 | 물건 이름 묻고 답하기

What's this?

이것은 뭐예요?

Listen and Guess ▶ 그림을 보며 대화를 듣고 어떤 내용인지 추측해 보세요.

UNIT 04-1

What's this?

It's a ball.

잠깐만요 가까이에 있는 '이것'이 무엇인지 물을 때는 'What's this?', 멀리 있는 '저것'이 무엇인지 물을 때는 'What's that?'이라고 할 수 있어요. 여기서 What은 '무엇'이라는 뜻이며, 대답할 때는 This나 That이 아닌 It으로 대답해요.

Listen and Speak ▶ 잘 듣고 따라 말해 보세요.

 UNIT 04-2

 What's this? 이것은 뭐예요?

 It's a ball. 그것은 공이야.

What's는 What is의 줄임말이에요.

1

this / a fan
이것 / 선풍기

2

this / a book
이것 / 책

3

that / an eraser
저것 / 지우개

4

that / an umbrella
저것 / 우산

1 Ⓐ **What's this?** 이것은 뭐예요?

　　Ⓑ **It's** ___ _____. 그것은 선풍기야.

2 Ⓐ **What's** _____? 이것은 뭐예요?

　　Ⓑ _____ ___ _____. 그것은 책이야.

3 Ⓐ _____ **that?** 저것은 뭐예요?

　　Ⓑ **It's** ____ _____. 그것은 지우개야.

4 Ⓐ **What's** _____? 저것은 뭐예요?

　　Ⓑ _____ _____ _____. 그것은 우산이야.

🔑 Ⓐ _____ 이것은 뭐예요?
key

　　Ⓑ **It's** ___ _____. 그것은 공이야.

★ 사물, 동물, 사람 등의 이름을 나타내는 말을 '명사'라고 해요. 명사가 모음 a, e, i, o, u로 시작하거나 발음이 모음으로 시작하면 명사 앞에 a 대신 an을 써요.

녹음한 음원은 꼭 다시 들어 보세요!

●REC 오늘 배운 회화 표현을 녹음해 보세요.

초등 3학년 | 색깔 묻고 답하기

What color is this?
이것은 무슨 색이에요?

Listen and Guess ▷ 그림을 보며 대화를 듣고 어떤 내용인지 추측해 보세요.

UNIT 05-1

What color is this?

It's red.

잠깐
만요 | 색깔을 묻는 질문은 'What color ~?'로 시작해요. 가까이 있는 물건은 'What color is this?', 멀리 있는 것은 'What color is that?'으로 물어볼 수 있어요. 대답은 It으로 시작해야 한다는 것을 잊지 마세요.

Listen and Speak ▷ 잘 듣고 따라 말해 보세요.

UNIT 05-2

What color is this? 이것은 무슨 색이에요?

It's red. 그것은 빨간색이야.

> It's는 It is의
> 줄임말이에요.

1	2	3	4
yellow 노란색	**blue** 파란색	**green** 초록색	**purple** 보라색

1　Ⓐ **What color is this?** 이것은 무슨 색이에요?

　　Ⓑ **It's _____.** 그것은 노란색이야.

2　Ⓐ **What _____ is this?** 이것은 무슨 색이에요?

　　Ⓑ **It's _____.** 그것은 파란색이야.

3　Ⓐ **_____ color is this?** 이것은 무슨 색이에요?

　　Ⓑ **_____ _____.** 그것은 초록색이야.

4　Ⓐ **_____ _____ is this?** 이것은 무슨 색이에요?

　　Ⓑ **_____ _____.** 그것은 보라색이야.

🔑 key　Ⓐ **_____** 이것은 무슨 색이에요?

　　Ⓑ **It's _____.** 그것은 빨간색이야.

★ 색깔 어휘들을 더 알아볼까요?
orange(주황색) navy(남색) white(흰색) black(검은색) pink(분홍색) brown(갈색) gray(회색)

녹음한 음원은
꼭 다시 들어 보세요!

●**REC** 오늘 배운 회화 표현을 녹음해 보세요.

A 단어를 잘 듣고 빈칸에 알맞은 철자를 써 넣으세요. 🔊

1

ei ☐ ☐ t

2

f ☐ n

3

el ☐ v ☐ ☐

4

☐ ur ☐ l ☐

5

u ☐ bre ☐ ☐

6

☐ ell ☐ ☐

B 대화를 잘 듣고 상황을 가장 잘 묘사한 그림을 골라 보세요. 🔊

1
a
b

2
a
b

3
a
b

C 우리말을 보고 주어진 단어를 바르게 배열해 보세요.

1 기분이 어때? are ? How you

➡ _____

2 그것은 책이야. a . book It's

➡ _____

3 이것은 무슨 색이에요? What this ? color is

➡ _____

4 아주 좋아. (물어봐 줘서) 고마워. great . I'm Thanks .

➡ _____

5 전 10살이에요. . old I'm years ten

➡ _____

☺ **On Your Own**

자신의 상황에 맞게 영작해 보고
그림으로도 나타내 보세요.

Q **How are you?**

A I'm great. Thanks.

_____

초등 3학년　날씨 묻고 답하기

How's the weather?
날씨가 어때?

Listen and Guess 그림을 보며 대화를 듣고 어떤 내용인지 추측해 보세요.

UNIT 06-1

How's the weather?

It's sunny.

잠깐
만요 | 날씨가 어떤지 물을 때는 '날씨'라는 뜻의 weather를 사용하여 'How's the weather (today)?' 또는 'What's the weather like (today)?'라고 해요. 대답할 때 It은 '그것'으로 해석하지 않는다는 것에 주의하세요.

Listen and Speak 잘 듣고 따라 말해 보세요.

UNIT 06-2

How's the weather? 날씨가 어때?

It's sunny. 맑아.

1

rainy
비가 오는

2

cloudy
흐린

3

snowy
눈이 오는

4

windy
바람이 부는

1 Ⓐ How's the weather? 날씨가 어때?

Ⓑ It's _____. 비가 와.

2 Ⓐ _____ the weather? 날씨가 어때?

Ⓑ It's _____. 흐려.

3 Ⓐ How's the _____? 날씨가 어때?

Ⓑ _____ _____. 눈이 와.

4 Ⓐ _____ the _____? 날씨가 어때?

Ⓑ _____ _____. 바람이 불어.

🗝 key Ⓐ _____ 날씨가 어때?

Ⓑ It's _____. 맑아.

★ 날씨는 계절과 연결해 설명할 수도 있어요. 여름에는 'It's hot.(더워.)' 겨울에는 'It's cold.(추워.)'와 같이 날씨를 표현할 수 있어요.

●**REC** 오늘 배운 회화 표현을 녹음해 보세요.

초등 3학년   요일 묻고 답하기

What day is it today?

오늘은 무슨 요일이니?

Listen and Guess 그림을 보며 대화를 듣고 어떤 내용인지 추측해 보세요.

UNIT 07-1

What day is it today?

KPoP CONCERT

Sunday, 5 July

It's Monday.

잠깐 만요 │ '요일'을 묻는 표현과 '날짜'를 묻는 표현은 서로 헷갈리기 쉬우니까 잘 알아두세요. 오늘이 무슨 요일인지 묻는 질문은 'What day is it today?', 오늘이 며칠인지 묻는 질문은 'What's the date today?'예요. 요일은 day, 날짜는 date로 물어요.

Listen and Speak 잘 듣고 따라 말해 보세요.

UNIT 07-2

 What day is it today? 오늘은 무슨 요일이니?

 It's Monday. 월요일이야.

1 TUESDAY **TUE**

Tuesday
화요일

2 WEDNESDAY **WED**

Wednesday
수요일

3 THURSDAY **THU**

Thursday
목요일

4 FRIDAY **FRI**

Friday
금요일

5 SATURDAY **SAT**

Saturday
토요일

6 SUNDAY **SUN**

Sunday
일요일

1 Ⓐ **What day is it today?** 오늘은 무슨 요일이니?

   Ⓑ **It's _____.** 화요일이야.

2 Ⓐ **_____ _____ is it today?** 오늘은 무슨 요일이니?

   Ⓑ **It's _____.** 수요일이야.

3 Ⓑ **It's _____.** 목요일이야.

4 Ⓑ **It's _____.** 금요일이야.

5 Ⓑ **_____ _____.** 토요일이야.

6 Ⓑ **It's _____.** 일요일이야.

🔑 Ⓐ **_____** 오늘은 무슨 요일이니?
key

   Ⓑ **It's _____.** 월요일이야.

★ 요일도 사람 이름처럼 첫 글자를 대문자로 쓴다는 걸 잊지 마세요.

●**REC** 오늘 배운 회화 표현을 녹음해 보세요.

녹음한 음원은
꼭 다시 들어 보세요!

초등 3학년   시간 묻고 답하기

What time is it now?

지금 몇 시예요?

Listen and Guess 그림을 보며 대화를 듣고 어떤 내용인지 추측해 보세요.

UNIT 08-1

It's
seven o'clock.

What time
is it now?

잠깐
만요
몇 시인지 물을 때도 'What color ~?'나 'What day ~?' 처럼 what을 사용해서 'What time ~?'으로 질문
하면 돼요. 대답할 때는 시각과 분 순서대로 답해요. 정각일 때는 숫자 뒤에 o'clock을 붙여서 말할 수 있
어요.

Listen and Speak 잘 듣고 따라 말해 보세요.

UNIT 08-2

 What time is it now? 지금 몇 시예요?

 It's seven o'clock. 7시 정각이야.

1

nine thirty
9시 30분

2

twelve o'clock
12시 정각

3

one forty-five
1시 45분

4

two fifty
2시 50분

1 Ⓐ **What time is it now?** 지금 몇 시예요?

   Ⓑ **It's** _____ _____. 9시 30분이야.

2 Ⓐ **What time is it** _____**?** 지금 몇 시예요?

   Ⓑ **It's** _____ _____. 12시 정각이야.

3 Ⓐ _____ _____ **is it now?** 지금 몇 시예요?

   Ⓑ **It's** _____ _____. 1시 45분이야.

4 Ⓐ _____ _____ ____ ____ **now?** 지금 몇 시예요?

   Ⓑ _____ _____ _____. 2시 50분이야.

🔑 Ⓐ _____ 지금 몇 시예요?
key

   Ⓑ **It's** _____ _____. 7시 정각이야.

★ 몇 분인지 설명하려면 1~59까지 숫자를 영어로 말할 수 있어야 해요. 적어도 5분 또는 10분 단위로 설명하려면 5 또는 10 크기로 커지는 숫자를 큰 소리로 연습해야 해요.

five	**ten**	fifteen	**twenty**	twenty-five	**thirty**	thirty-five	**forty**	forty-five	**fifty**	fifty-five
5	**10**	15	**20**	25	**30**	35	**40**	45	**50**	55

녹음한 음원은
꼭 다시 들어 보세요!

●**REC** 오늘 배운 회화 표현을 녹음해 보세요.

초등 3학년 명령하기

Stand up, please.
일어서렴.

Listen and Guess 그림을 보며 대화를 듣고 어떤 내용인지 추측해 보세요.

UNIT 09-1

Stand up, please.

Okay.

잠깐만요

'~하라'고 명령하거나 지시할 때는 동작을 나타내는 말인 '동사'로 문장을 시작해요. 그래서 'Stand up.' 이라고 하면 '일어서라'라는 뜻이 돼요. 좀 더 공손하게 표현하려면 문장 맨 앞이나 뒤에 please를 붙여 줘요.

Listen and Speak 잘 듣고 따라 말해 보세요.

UNIT 09-2

 Stand up, please. 일어서렴.

 Okay. 네.

1 sit down
앉다

2 open the door
문을 열다

3 close the window
창문을 닫다

4 come in
들어가다

1 A _____ _____, please. 앉으렴.

   B Okay. 네.

2 A _____ _____ _____, please. 문을 여세요.

   B Okay.

3 A _____ _____ _____, _____. 창문을 닫으세요.

   B Okay.

4 A _____ ____, please. 들어오렴.

   B Okay.

🔑 A _____ 일어서렴.
key

   B Okay.

★ 뜻이 반대되는 동사를 알아보고 문장에 활용해 봐요.

stand up ↔ sit down	open ↔ close	go ↔ come	sell ↔ buy	laugh ↔ cry
일어서다 ↔ 앉다	열다 ↔ 닫다	가다 ↔ 오다	팔다 ↔ 사다	웃다 ↔ 울다

●**REC** 오늘 배운 회화 표현을 녹음해 보세요.

UNIT
10

초등 3학년   금지하기

Don't run.
뛰지 마.

UNIT 10-1

Don't run.

Oops.
I'm sorry.

잠깐
만요

어떠한 일을 하지 말라고 말할 때에는 Don't로 시작하는 문장을 써요. Don't 뒤에 동사를 써서 'Don't run. (뛰지 마.)'와 같이 표현할 수 있어요. 하지 말아야 할 일을 했으니 대답은 죄송하다는 의미로 'I'm sorry.' 가 적절하겠죠?

Listen and Speak 잘 듣고 따라 말해 보세요.

UNIT 10-2

Don't run. 뛰지 마.

Oops. I'm sorry. 어머. 죄송해요.

Don't는 Do not의 줄임말이에요.
'Don't run.'을 'Do not run.'으로
풀어서 말할 수 있어요.

1

push
밀다

2

eat here
여기서 (음식을) 먹다

3

touch
만지다

4

talk
말하다

1 Ⓐ **Don't** _____. 밀지 마.

　　Ⓑ **Oops. I'm sorry.** 어머. 죄송해요.

2 Ⓐ **Don't** _____ **here.** 여기서 (음식을) 먹지 마.

　　Ⓑ **Oops.** ____ **sorry.** 어머. 죄송해요.

3 Ⓐ **Don't** _____. 만지지 마.

　　Ⓑ **Oops. I'm** _____. 어머. 죄송해요.

4 Ⓐ _____ _____. 말하지 마.

　　Ⓑ **Oops.** ____ _____. 어머. 죄송해요.

🔑 Ⓐ _____ 뛰지 마.
key

　　Ⓑ **Oops.** ____ _____. 어머. 죄송해요.

★ '~ 하지 마'라는 뜻의 부정 명령문도 please를 붙이면 좀 더 공손하게 들려요. 'Don't run, please.' 처럼요.

녹음한 음원은
꼭 다시 들어 보세요!

●**REC** 오늘 배운 회화 표현을 녹음해 보세요.

A 단어나 어구를 잘 듣고 빈칸에 알맞은 철자를 써 넣으세요. 🔊

1
c □ ou □ y

2
t □ f t

3
T □ rsd □ y

4
□ us □

5
co □ e □ n

6
□ ou □ h

B 대화를 잘 듣고 상황을 가장 잘 묘사한 그림을 골라 보세요. 🔊

1

2

3

C 우리말에 맞게 주어진 단어를 바르게 배열해 보세요.

1 토요일이야. Saturday . It's

➡ _____

2 창문을 닫으세요. please window, . Close the

➡ _____

3 날씨가 어때? weather the ? How's

➡ _____

4 7시 정각이야. . It's o'clock seven

➡ _____

5 오늘은 무슨 요일이니? it What today is ? day

➡ _____

😊 On Your Own

자신의 상황에 맞게 영작해 보고
그림으로도 나타내 보세요.

Q How's the weather?

A _____

_____

초등 3학년 개수 묻고 답하기

How many apples?
사과가 몇 개예요?

Listen and Guess 그림을 보며 대화를 듣고 어떤 내용인지 추측해 보세요.

UNIT 11-1

How many apples?

Five apples.

잠깐
만요

동물이나 과일과 같은 사물의 개수가 궁금할 때에는 'How many ~?'로 물어보면 돼요. How many 뒤에는 apples, cats, dogs처럼 여러 개를 나타내는 명사인 '복수 명사'를 써요. 대답은 「숫자 + 복수 명사」로 간단하게 대답해요.

Listen and Speak 잘 듣고 따라 말해 보세요.

UNIT 11-2

 How many apples? 사과가 몇 개예요?

 Five apples. 5개요.(5개의 사과들이요.)

1	2	3	4
	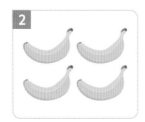		
three dogs	**four bananas**	**six cats**	**nine oranges**
3마리의 개들	4개의 바나나들	6마리의 고양이들	9개의 오렌지들

1 Ⓐ **How many dogs?** 개가 몇 마리예요?

Ⓑ _____ _____ . 3마리요.(3마리의 개들이요.)

2 Ⓐ **How many _____?** 바나나가 몇 개예요?

Ⓑ _____ _____ . 4개요.(4개의 바나나들이요.)

3 Ⓐ _____ **many cats?** 고양이가 몇 마리예요?

Ⓑ _____ _____ . 6마리요.(6마리의 고양이들이요.)

4 Ⓐ _____ _____ **oranges?** 오렌지가 몇 개예요?

Ⓑ _____ _____ . 9개요.(9개의 오렌지들이요.)

key Ⓐ _____ 사과가 몇 개예요?

Ⓑ _____ _____ . 5개요.(5개의 사과들이요.)

★ 셀 수 있는 명사가 여럿일 때는 단어 끝에 -s나 -es를 붙여요. 보통은 apples, dogs, cats, oranges처럼 -s를 붙이지만 buses, foxes, dishes, benches처럼 -s, -x, -sh, -ch로 끝나는 명사는 -es를 붙여요.

●**REC** 오늘 배운 회화 표현을 녹음해 보세요.

I can swim.
난 수영할 수 있어.

Listen and Guess 그림을 보며 대화를 듣고 어떤 내용인지 추측해 보세요.

UNIT 12-1

Can you swim?

Yes, I can. I can swim.

잠깐
만요

어떠한 일을 할 수 있는지 물을 때는 Can you 다음에 '할 수 있는 행동'을 쓰면 돼요. 이에 긍정적으로 대답할 때는 'Yes, I can.'으로 대답할 수 있어요.

Listen and Speak 잘 듣고 따라 말해 보세요.

UNIT 12-2

 Can you swim? 넌 수영할 수 있니?

 Yes, I can. I can swim. 응. 난 수영할 수 있어.

1

sing
노래하다

2

skate
스케이트를 타다

3

jump
점프하다

4

run
달리다

1 Ⓐ Can you _____? 넌 노래할 수 있니?

Ⓑ Yes, I can. I can _____. 응. 난 노래할 수 있어.

2 Ⓐ Can _____ skate? 넌 스케이트를 탈 수 있니?

Ⓑ Yes, I can. I _____ _____. 응. 난 스케이트를 탈 수 있어.

3 Ⓐ _____ you jump? 넌 점프할 수 있니?

Ⓑ _____, I can. I can _____. 응. 난 점프할 수 있어.

4 Ⓐ _____ _____ run? 넌 달릴 수 있니?

Ⓑ Yes, I can. ___ _____ _____. 응. 난 달릴 수 있어.

🔑 Ⓐ Can you _____? 넌 수영할 수 있니?

Ⓑ Yes, I can. _____ 응. 난 수영할 수 있어.

★ 자신이 할 수 있는 것을 말할 때는 'I can swim.'처럼 I can 다음에 자신이 할 수 있는 행동을 쓰면 돼요.

●**REC** 오늘 배운 회화 표현을 녹음해 보세요.

녹음한 음원은 꼭 다시 들어 보세요!

37

초등 3학년　할 수 없는 것 말하기

I can't dance.

난 출출 수 없어.

Listen and Guess　그림을 보며 대화를 듣고 어떤 내용인지 추측해 보세요.

잠깐만요　'Can you ~?'와 같이 어떤 일을 할 수 있는지를 묻는 질문에 부정적으로 대답할 때는 'No, I can't.'라고 해요. can't 는 cannot의 줄임말로, 'No, I cannot.' 처럼 대답할 수도 있어요.

Listen and Speak　잘 듣고 따라 말해 보세요.

 Can you dance?　넌 춤출 수 있니?

 No, I can't. I can't dance.　아니. 난 춤출 수 없어.

walk
걷다

ski
스키를 타다

cook
요리하다

see
보다

1 Ⓐ **Can you walk?** 넌 걸을 수 있니?

　Ⓑ **No, I can't. ___ _____ _____.** 아니. 난 걸을 수 없어.

2 Ⓐ **Can you _____?** 넌 스키를 탈 수 있니?

　Ⓑ **_____, I can't. ___ _____ _____.** 아니. 난 스키를 탈 수 없어.

3 Ⓐ **_____ you cook?** 넌 요리할 수 있니?

　Ⓑ **_____, I _____. ___ _____ _____.** 아니. 난 요리할 수 없어.

4 Ⓐ **_____ _____ see?** 넌 볼 수 있니?

　Ⓑ **_____, ___ _____. ___ _____ _____.** 아니. 난 볼 수 없어.

🔑 Ⓐ **Can you _____?** 넌 춤출 수 있니?
key

　Ⓑ **No, I can't. _____** 아니. 난 춤출 수 없어.

★ 우리나라에서는 자신이 잘할 수 있는 일도 겸손의 의미로 못한다고 말하는 경우가 종종 있어요. 하지만 서양에서는 그렇게 말하지 않아요. 할 수 있는 일은 자신 있게 할 수 있다고 영어로 표현해 봐요. I can dance!

●**REC** 오늘 배운 회화 표현을 녹음해 보세요.

녹음한 음원은 꼭 다시 들어 보세요!

초등 3학년 　좋아하는 것 말하기

I like pizza.
난 피자를 좋아해.

Listen and Guess 그림을 보며 대화를 듣고 어떤 내용인지 추측해 보세요.

UNIT 14-1

Do you like pizza?

Yes, I do. I like pizza.

잠깐
만요

친구가 특정한 음식을 좋아하는지 궁금할 때는 「Do you like + 음식 이름?」의 형태로 물어봐요. 좋아한다면 친구가 'Yes, I do.'라고 대답할 거예요.

Listen and Speak 잘 듣고 따라 말해 보세요.

UNIT 14-2

 Do you like pizza? 넌 피자를 좋아하니?

Yes, I do. I like pizza. 응. 난 피자를 좋아해.

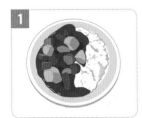
1

curry
카레

2

bread
빵

3

ice cream
아이스크림

4

salad
샐러드

1 Ⓐ **Do you like curry?** 넌 카레를 좋아하니?

Ⓑ **Yes, I do. ___ _____ _____.** 응. 난 카레를 좋아해.

2 Ⓐ **Do you like _____?** 넌 빵을 좋아하니?

Ⓑ **Yes, I do. ___ _____ _____.** 응. 난 빵을 좋아해.

3 Ⓐ **Do you _____ ice cream?** 넌 아이스크림을 좋아하니?

Ⓑ **Yes, ___ ____. I like _____ _____.** 응. 난 아이스크림을 좋아해.

4 Ⓐ **_____ _____ like salad?** 넌 샐러드를 좋아하니?

Ⓑ **_____, I do. ___ _____ _____.** 응. 난 샐러드를 좋아해.

🔑 Ⓐ **Do you like _____?** 넌 피자를 좋아하니?
key

Ⓑ **Yes, I do. _____** 응. 난 피자를 좋아해.

★ 어떤 음식을 좋아하는지 묻고 싶다면 'What kind of food do you like?'와 같이 질문해요. 대답하려면 좋아하는 음식 이름을 알아두어야겠죠?

hamburger	pork cutlet	spaghetti	cheese	milk	*bulgogi*
햄버거	돈가스	스파게티	치즈	우유	불고기

녹음한 음원은
꼭 다시 들어 보세요!

●**REC** 오늘 배운 회화 표현을 녹음해 보세요.

초등 3학년 | 좋아하지 않는 것 말하기

I don't like fishing.

전 낚시하기를 좋아하지 않아요.

Listen and Guess 그림을 보며 대화를 듣고 어떤 내용인지 추측해 보세요.

UNIT 15-1

Do you like fishing?

No, I don't.
I don't like fishing.

잠깐
만요

'Do you like ~?'에 대한 부정적인 대답은 'No, I don't.'라고 해요. 그리고 좋아하지 않는 것을 말할 때는 'I don't like ~'라는 표현을 써요.

Listen and Speak 잘 듣고 따라 말해 보세요.

UNIT 15-2

 Do you like fishing? 넌 낚시하기를 좋아하니?

 No, I don't. I don't like fishing. 아니요. 전 낚시하기를 좋아하지 않아요.

1

hiking
도보 여행하기

2

swimming
수영하기

3

reading books
책 읽기

4

listening to music
음악 듣기

1 Ⓐ **Do you like hiking?** 넌 도보 여행하기를 좋아하니?

 Ⓑ **No, I don't. I _____ _____ _____.**

 아니요. 전 도보 여행하기를 좋아하지 않아요.

2 Ⓐ **Do you like _____?** 넌 수영하기를 좋아하니?

 Ⓑ **No, I _____. ___ _____ _____ _____.**

 아니요. 전 수영하기를 좋아하지 않아요.

3 Ⓐ **Do you _____ reading books?** 넌 책 읽기를 좋아하니?

 Ⓑ **No, ___ _____. ___ _____ _____ _____ books.** 아니요. 전 책 읽기를 좋아하지 않아요.

4 Ⓐ **_____ _____ _____ listening to music?** 넌 음악 듣기를 좋아하니?

 Ⓑ **_____, ___ _____. ___ _____ _____ _____ _____ _____.** 아니요. 전 음악 듣기를 좋아하지 않아요.

🔑key Ⓐ **Do you like _____?** 넌 낚시하기를 좋아하니?

 Ⓑ **No, I don't. _____.**

 아니요. 전 낚시하기를 좋아하지 않아요.

★ fishing처럼 동사에 -ing를 붙여 명사 역할을 하는 것을 '동명사'라고 해요.
 fish + -ing → fishing (낚시하기) hike + -ing → hiking (도보 여행하기) swim + -ing → swimming (수영하기)
 read + -ing → reading (읽기) listen + -ing → listening (듣기)

녹음한 음원은
꼭 다시 들어 보세요!

●**REC** 오늘 배운 회화 표현을 녹음해 보세요.

43

A 단어를 잘 듣고 빈칸에 알맞은 철자를 써 넣으세요.

1

s ☐ a ☐ e

2

al ☐

3

j ☐ p

4

☐ al ☐ ☐

5

☐ im i ☐ ☐

6

☐ ☐ ea ☐

B 대화를 잘 듣고 상황을 가장 잘 묘사한 그림을 골라 보세요.

1

2

3

C 우리말에 맞게 주어진 단어를 바르게 배열해 보세요.

1 넌 달릴 수 있니? run ? you Can

➡ _____

2 난 춤출 수 없어. dance . I can't

➡ _____

3 전 낚시하기를 좋아하지 않아요. like I don't . fishing

➡ _____

4 고양이가 몇 마리예요? ? many How cats

➡ _____

5 넌 피자를 좋아하니? pizza ? Do like you

➡ _____

😊 **On Your Own**

자신의 상황에 맞게 영작해 보고
그림으로도 나타내 보세요.

Q Can you swim?

A _____

_____

16

초등 3학년 | 감정이나 상태 묻고 답하기

I'm happy.

전 행복해요.

Listen and Guess ▶ 그림을 보며 대화를 듣고 어떤 내용인지 추측해 보세요.

UNIT 16-1

Are you happy?

Yes, I am. I'm happy.

잠깐만요 | 감정을 표현하는 다양한 단어들을 이용해서 자신의 기분을 표현해 봐요. 'I am happy.'처럼요. 감정이나 상태를 표현할 때는 be동사(am, are, is)를 사용해요. 질문과 대답 모두 be동사를 써서 표현해요.

Listen and Speak ▶ 잘 듣고 따라 말해 보세요.

  Are you happy? 넌 행복하니?

 Yes, I am. I'm happy. 네. 전 행복해요.

1

sad
슬픈

2

angry
화난

3

tired
피곤한

4

hungry
배고픈

1 Ⓐ **Are you sad?** 넌 슬프니?

　 Ⓑ **Yes, I _____. I'm _____.** 네. 전 슬퍼요.

2 Ⓐ **Are _____ angry?** 넌 화가 나니?

　 Ⓑ **Yes, __ ____. ____ _____.** 네. 전 화가 나요.

3 Ⓐ **_____ you _____?** 넌 피곤하니?

　 Ⓑ **_____, I ____. ____ _____.** 네. 전 피곤해요.

4 Ⓐ **_____ _____ _____?** 넌 배고프니?

　 Ⓑ **_____, __ ____. I'm _____.** 네. 전 배고파요.

🔑 Ⓐ **Are you _____?** 넌 행복하니?
key
　 Ⓑ **Yes, I am. _____** 네. 전 행복해요.

★ 내 감정이나 상태가 질문과 다르다면, 'No, I'm not. I'm not sad.(아니요. 전 슬프지 않아요.)'와 같이 부정적으로 대답할 수 있어요.

녹음한 음원은 꼭 다시 들어 보세요!

●**REC** 오늘 배운 회화 표현을 녹음해 보세요.

17

Who is she?
그녀는 누구니?

Listen and Guess 그림을 보며 대화를 듣고 어떤 내용인지 추측해 보세요.

UNIT 17-1

Who is she?

She is my sister.

잠깐 만요 | 사람의 이름 또는 정체를 물을 때는 Who로 시작해요. 여기서 Who는 '누구'라는 뜻이에요. 물건의 이름을 물을 때 What으로 시작했던 것과 비교해서 기억해 두세요. 그리고 성별에 따라 she 또는 he로 구분해서 말해요. she는 여성을, he는 남성을 가리키는 말이에요.

Listen and Speak 잘 듣고 따라 말해 보세요.

UNIT 17-2

 Who is she? 그녀는 누구니?

 She is my sister. 그녀는 내 여동생이야.

> sister는 '여동생'이라는 뜻 뿐만 아니라 '누나, 언니'라는 뜻도 있으며 brother도 '오빠, 형'이라는 뜻이 있어요.

1
she / mom
그녀 / 엄마

2
he / dad
그 / 아빠

3
he / brother
그 / 남동생

4
he / uncle
그 / 삼촌

1 Ⓐ **Who is she?** 그녀는 누구니?

   Ⓑ _____ **is my** _____. 그녀는 우리(내) 엄마야.

2 Ⓐ **Who is** ____**?** 그는 누구니?

   Ⓑ **He is** ____ _____. 그는 우리(내) 아빠야.

3 Ⓐ _____ **is he?** 그는 누구니?

   Ⓑ _____ **is** ____ _____. 그는 내 남동생이야.

4 Ⓐ _____ ___ **he?** 그는 누구니?

   Ⓑ _____ ___ _____ _____. 그는 우리(내) 삼촌이야.

🔑 Ⓐ _____ 그녀는 누구니?
key

   Ⓑ _____ **is** ____ _____. 그녀는 내 여동생이야.

★ 가족이나 친척을 나타내는 표현을 좀 더 알아봐요.

grandmother	grandfather	aunt	cousin
할머니	할아버지	이모, 고모, 숙모	사촌

녹음한 음원은
꼭 다시 들어 보세요!

●**REC** 오늘 배운 회화 표현을 녹음해 보세요.

초등 4학년 | 현재 하고 있는 일 묻고 답하기

What are you doing?

넌 뭐 하는 중이니?

Listen and Guess 그림을 보며 대화를 듣고 어떤 내용인지 추측해 보세요.

UNIT 18-1

What are you doing?

I'm drawing a picture.

잠깐
만요 | 지금 하고 있는 일을 설명할 때는 'am drawing'처럼 be동사(am, are, is)를 쓴 후 동사에 -ing를 붙여서 나타내요.

Listen and Speak 잘 듣고 따라 말해 보세요.

UNIT 18-2

What are you doing? 넌 뭐 하는 중이니?

I'm drawing a picture. 난 그림을 그리는 중이야.

1 studying English
영어를 공부하는 중

2 playing a game
게임을 하는 중

3 cleaning a room
방을 청소하는 중

4 watching TV
TV를 보는 중

1　Ⓐ **What are you doing?** 넌 뭐 하는 중이니?

　　Ⓑ **I'm** ＿＿＿＿＿＿＿＿ ＿＿＿＿＿＿＿. 난 영어를 공부하는 중이야.

2　Ⓐ **What are you** ＿＿＿＿＿**?** 넌 뭐 하는 중이니?

　　Ⓑ ＿＿＿ ＿＿＿＿＿＿ ＿ ＿＿＿＿＿. 난 게임을 하는 중이야.

3　Ⓐ ＿＿＿＿＿ **are you doing?** 넌 뭐 하는 중이니?

　　Ⓑ ＿＿＿ ＿＿＿＿＿＿ ＿ ＿＿＿＿＿. 난 방을 청소하는 중이야.

4　Ⓐ ＿＿＿＿＿ **are you** ＿＿＿＿＿**?** 넌 뭐 하는 중이니?

　　Ⓑ ＿＿＿ ＿＿＿＿＿＿＿ ＿＿＿＿. 난 TV를 보는 중이야.

🔑key　Ⓐ ＿＿＿＿＿＿＿＿＿＿＿＿＿＿＿＿＿ 넌 뭐 하는 중이니?

　　Ⓑ **I'm** ＿＿＿＿＿＿＿ ＿＿ ＿＿＿＿＿＿＿. 난 그림을 그리는 중이야.

★ 평소에 우리가 하는 행동을 나타내는 표현을 더 알아봐요.

playing the piano	playing soccer	singing a song	reading a book
피아노를 치는 중	축구를 하는 중	노래를 부르는 중	책을 읽는 중

녹음한 음원은
꼭 다시 들어 보세요!

●**REC** 오늘 배운 회화 표현을 녹음해 보세요.

초등 4학년 | 원하는 것 묻고 답하기

What do you want?
넌 무엇을 원하니?

Listen and Guess 그림을 보며 대화를 듣고 어떤 내용인지 추측해 보세요.

UNIT 19-1

What do you want?

I want an airplane.

잠깐만요 생일이나 어린이날에 받고 싶은 선물이 있다면 영어로 어떻게 말해야 할까요? want(원하다)나 need(필요하다)와 같은 동사를 이용하여 자신이 원하는 것을 말해 보세요.

Listen and Speak 잘 듣고 따라 말해 보세요.

UNIT 19-2

What do you want? 넌 무엇을 원하니?

I want an airplane. 전 비행기 (1대)를 원해요.

1 a computer
컴퓨터 1대

2 a kite
연 1개

3 some toy cars
장난감 자동차 여러 대

4 some comic books
만화책 여러 권

1 Ⓐ **What do you want?** 넌 무엇을 원하니?

   Ⓑ **I want ___ _____.** 전 컴퓨터 (1대)를 원해요.

2 Ⓐ **What do you _____?** 넌 무엇을 원하니?

   Ⓑ **I _____ ___ _____.** 전 연 (1개)을 원해요.

3 Ⓐ **_____ do you _____?** 넌 무엇을 원하니?

   Ⓑ **___ _____ _____ _____ _____.**

   전 장난감 자동차 여러 대를 원해요.

4 Ⓐ **_____ ____ _____ want?** 넌 무엇을 원하니?

   Ⓑ **___ _____ _____ _____ _____.**

   전 만화책 여러 권을 원해요.

🔑 Ⓐ **_____** 넌 무엇을 원하니?
key

   Ⓑ **I want ____ _____.** 전 비행기 (1대)를 원해요.

★ 셀 수 있는 물건이 하나일 때는 단어 앞에 a 또는 an을 쓰고, 여러 개일 때는 some을 써요. 여러 개 일 때는 셀 수 있는 명사 뒤에 -s, -es 등을 붙이는 것도 잊지 마세요.

녹음한 음원은 꼭 다시 들어 보세요!

●**REC** 오늘 배운 회화 표현을 녹음해 보세요.

초등 4학년　권유하고 답하기

Let's play soccer.
(같이) 축구를 하자.

Listen and Guess 그림을 보며 대화를 듣고 어떤 내용인지 추측해 보세요.

UNIT 20-1

Let's play soccer.

Sorry, I can't. I'm busy.

잠깐만요 상대방에게 무언가를 제안할 때는 Let's 다음에 함께 하고 싶은 걸 말하면 돼요. 이에 대한 대답은 승낙할 때는 'Okay.' 거절할 때는 'Sorry, I can't.'로 해요. Let's는 Let us의 줄임말이에요. us가 '우리를'이라는 뜻이므로 Let's라고 말하면 너와 내가 함께 '~을 하자'는 뜻이라는 것을 기억하세요.

Listen and Speak 잘 듣고 따라 말해 보세요.

UNIT 20-2

 Let's play soccer. (같이) 축구를 하자.

 Sorry, I can't. I'm busy. 미안하지만, 안 돼. 바쁜 일이 있어. ☹
Okay. 그래. ☺

1

play baseball
야구를 하다

2

go shopping
쇼핑하러 가다

3

ride a bike
자전거를 타다

4

go to the library
도서관에 가다

1 Ⓐ **Let's play** _____. (같이) 야구를 하자.

   Ⓑ _____. 그래.

2 Ⓐ **Let's** _____ _____. (같이) 쇼핑하러 가자.

   Ⓑ **Sorry,** ___ _____. **I'm busy.** 미안하지만, 안 돼. 바쁜 일이 있어.

3 Ⓐ _____ _____ ____ _____. (같이) 자전거를 타자.

   Ⓑ _____, **I can't.** ____ **busy.** 미안하지만, 안 돼. 바쁜 일이 있어.

4 Ⓐ **Let's** _____ ____ _____ _____. (같이) 도서관에 가자.

   Ⓑ _____, **I** _____. **I'm** _____.
   미안하지만, 안 돼. 바쁜 일이 있어.

🔑 Ⓐ _____ (같이) 축구를 하자.
key

   Ⓑ _____, ___ _____. **I'm busy.** 미안하지만, 안 돼. 바쁜 일이 있어.

★ 친구들과 함께 하고 싶은 운동 표현을 더 알아볼까요?

play basketball	play soccer	play tennis	play badminton
농구를 하다	축구를 하다	테니스를 하다	배드민턴을 하다

녹음한 음원은
꼭 다시 들어 보세요!

●**REC** 오늘 배운 회화 표현을 녹음해 보세요.

A 단어나 어구를 잘 듣고 빈칸에 알맞은 철자를 써 넣으세요. 🔊

1
a g   y

2
play a e all

3
t   ed

4
cl

5
h n r

6
c mp t

B 대화를 잘 듣고 상황을 가장 잘 묘사한 그림을 골라 보세요. 🔊

1 a   b

2 a   b

3 a   b

C 우리말에 맞게 주어진 단어를 바르게 배열해 보세요.

1 전 만화책 여러 권을 원해요. comic books I . some want

➡ _____

2 (같이) 도서관에 가자. go . Let's library to the

➡ _____

3 넌 화가 나니? angry ? Are you

➡ _____

4 그는 우리(내) 아빠야. dad He my . is

➡ _____

5 넌 뭐 하는 중이니? What you ? doing are

➡ _____

😊 On Your Own

자신의 상황에 맞게 영작해 보고
그림으로도 나타내 보세요.

Q What are you doing?

A _____

_____

초등 4학년 | 물건의 위치 묻고 답하기

Where is my watch?
제 시계는 어딨어요?

Listen and Guess 그림을 보며 대화를 듣고 어떤 내용인지 추측해 보세요.

UNIT 21-1

Where is my watch?

It's on the desk.

잠깐만요 물건의 위치를 찾을 때에는 where을 써서 질문해요. 내가 찾는 물건이 어디에 있는지 궁금할 때에는 「Where + is + my + 물건?」 형태로 물어 보세요. '나의' 물건일 때는 my, '너의' 물건일 때는 your을 쓰고 '그녀' 또는 '그'의 물건일 때는 her 또는 his를 써요.

Listen and Speak 잘 듣고 따라 말해 보세요.

UNIT 21-2

 Where is my watch? 제 시계는 어딨어요?

 It's on the desk. 그것은 책상 위에 있어.

1

my phone
나의 전화기

2

your notebook
너의 공책

3

his mask
그의 마스크

4

her hairpin
그녀의 머리핀

1 Ⓐ **Where is _____ _____?** 제 전화기는 어딨어요?

   Ⓑ **It's on the desk.** 그것은 책상 위에 있어.

2 Ⓐ **_____ ____ your _____?** 당신의 공책은 어딨어요?

   Ⓑ **It's _____ the desk.** 그것은 책상 위에 있어.

3 Ⓐ **_____ is his _____?** 그의 마스크는 어딨어요?

   Ⓑ **_____ on the desk.** 그것은 책상 위에 있어.

4 Ⓐ **_____ is _____ _____?** 그녀의 머리핀은 어딨어요?

   Ⓑ **It's _____ _____ _____.** 그것은 책상 위에 있어.

🔑 Ⓐ **_____** 제 시계는 어딨어요?
key

   Ⓑ **It's _____ _____ _____.** 그것은 책상 위에 있어.

★ 학용품 중에 자주 잊어버리는 물건들은 무엇이 있나요? 영어로 말해 볼까요?

ruler	glue	bag	pencil	eraser	book
자	풀	가방	연필	지우개	책

녹음한 음원은
꼭 다시 들어 보세요!

●**REC** 오늘 배운 회화 표현을 녹음해 보세요.

초등 4학년 | 물건의 위치 설명하기

They're on the table.
그것들은 탁자 위에 있어.

Listen and Guess 그림을 보며 대화를 듣고 어떤 내용인지 추측해 보세요.

UNIT 22-1

Where are my pens?

They're on the table.

잠깐만요 | 물건의 위치를 설명할 때는 'It's ~' 또는 'They're ~'로 쓰는데, 물건이 하나일 때는 It, 여러 개일 때는 They 로 대답해요. 중요한 것 한 가지, 물건 앞에는 on, under, in 등과 같이 위치를 나타내는 전치사를 써야 해요.

Listen and Speak 잘 듣고 따라 말해 보세요.

UNIT 22-2

 Where are my pens? 내 펜들은 어디에 있니?

 They're on the table. 그것들은 탁자 위에 있어.

1

in the box
상자 안에

2

under the bed
침대 아래에

3

behind the computer
컴퓨터 뒤에

4

next to the closet
옷장 옆에

1 Ⓐ **Where are my pens?** 내 펜들은 어디에 있니?

　 Ⓑ **They're** ＿＿＿ ＿＿＿＿＿ ＿＿＿＿＿. 그것들은 상자 안에 있어.

2 Ⓐ ＿＿＿＿＿＿＿＿＿ **are my pens?** 내 펜들은 어디에 있니?

　 Ⓑ **They're** ＿＿＿＿＿＿＿＿＿ ＿＿＿＿＿＿ ＿＿＿＿＿. 그것들은 침대 아래에 있어.

3 Ⓐ ＿＿＿＿＿＿＿＿＿ ＿＿＿＿＿ **my pens?** 내 펜들은 어디에 있니?

　 Ⓑ ＿＿＿＿＿＿＿＿＿＿ ＿＿＿＿＿＿＿＿ ＿＿＿＿＿ ＿＿＿＿＿＿＿＿＿＿＿＿.

　 그것들은 컴퓨터 뒤에 있어.

4 Ⓐ ＿＿＿＿＿＿＿＿＿ **are** ＿＿＿＿ ＿＿＿＿＿＿＿? 내 펜들은 어디에 있니?

　 Ⓑ **They're** ＿＿＿＿＿＿＿ ＿＿＿＿ ＿＿＿ ＿＿＿＿＿＿＿＿. 그것들은 옷장 옆에 있어.

🔑 Ⓐ ＿＿＿＿＿＿＿＿＿ ＿＿＿＿＿＿ **my pens?** 내 펜들은 어디에 있니?
key

　 Ⓑ ＿＿＿＿＿＿＿＿＿＿＿＿＿＿＿＿＿＿＿＿＿＿＿＿ 그것들은 탁자 위에 있어.

★ 위치를 나타내는 전치사를 정리해 볼까요?

on	in	under	behind	next to
~위에	~안에	~아래에	~뒤에	~옆에

녹음한 음원은
꼭 다시 들어 보세요!

●REC 오늘 배운 회화 표현을 녹음해 보세요.

초등 4학년　가격 묻고 답하기

How much is it?

얼마예요?

Listen and Guess 그림을 보며 대화를 듣고 어떤 내용인지 추측해 보세요.

UNIT 23-1

How much is it?

It's five hundred won.

잠깐 만요 | 물건의 가격을 물어볼 때는 'How much is it?'이라고 해요. 이에 대한 대답을 할 때는 It's 다음에 가격을 나타내는 수를 말하면 돼요.

Listen and Speak 잘 듣고 따라 말해 보세요.

UNIT 23-2

How much is it? 얼마예요?

It's five hundred won. 500원이란다.

1

seven hundred
700

2

two thousand
2,000

3

eight thousand
8,000

4

ten thousand
10,000

1 Ⓐ **How much is it?** 얼마예요?

   Ⓑ **It's** _____ _____ **won.** 700원이란다.

2 Ⓐ _____ _____ **is it?** 얼마예요?

   Ⓑ _____ _____ **thousand** _____. 2,000원이란다.

3 Ⓐ **How much** ____ ____**?** 얼마예요?

   Ⓑ _____ _____ _____ **won.** 8,000원이란다.

4 Ⓐ _____ _____ ____ ____**?** 얼마예요?

   Ⓑ **It's** _____ _____ **won.** 10,000원이란다.

key Ⓐ _____ 얼마예요?

   Ⓑ **It's** _____ _____ **won.** 500원이란다.

★ 100이상의 수를 정리해 볼까요?

one hundred	one thousand	ten thousand
100(백)	1,000(천)	10,000(만)

녹음한 음원은 꼭 다시 들어 보세요!

●**REC** 오늘 배운 회화 표현을 녹음해 보세요.

Is this your bag?

이것은 네 가방이니?

Listen and Guess

그림을 보며 대화를 듣고 어떤 내용인지 추측해 보세요.

UNIT 24-1

Is this your bag?

Yes, it is. It's mine.

잠깐만요

물건의 주인을 찾을 때에는 이 물건의 주인이 맞는지 상대방에게 물어봐야 해요. 이때에는 「Is + this + your + 물건 이름?」 같이 질문해요. 자신이 주인이 맞다면 'Yes, it is.'라고 대답해요. 그리고 '자신의 것'이라고 간결하게 대답할 때는 mine이라는 소유를 나타내는 단어를 사용해요.

Listen and Speak

잘 듣고 따라 말해 보세요.

  UNIT 24-2

Is this your bag? 이것은 네 가방이니?

Yes, it is. It's mine. 응. 내 거야.

1	2	3	4

glue 풀	**rocket** 로켓	**shoe** 신발	**soccer ball** 축구공

1 Ⓐ Is this _____ _____? 이것은 네 풀이니?

Ⓑ Yes, it is. It's _____. 응. 내 거야.

2 Ⓐ ____ this _____ _____? 이것은 네 로켓이니?

Ⓑ Yes, it is. _____ _____. 응. 내 거야.

3 Ⓐ ____ _____ _____ _____? 이것은 네 신발이니?

Ⓑ _____, ___ ____. It's mine. 응. 내 거야.

4 Ⓐ ____ _____ your _____ _____? 이것은 네 축구공이니?

Ⓑ Yes, it is. _____ _____. 응. 내 거야.

🔑 key Ⓐ _____ 이것은 네 가방이니?

Ⓑ _____, ____ _____. It's mine. 응, 내 거야.

★ mine과 같이 소유를 나타내는 말을 정리해 볼까요?

mine	yours	hers	his	ours	theirs
나의 것	너의 것	그녀의 것	그의 것	우리의 것	그들의 것

녹음한 음원은 꼭 다시 들어 보세요!

●**REC** 오늘 배운 회화 표현을 녹음해 보세요.

25 It's not mine.
그것은 내 것이 아니야.

Listen and Guess 그림을 보며 대화를 듣고 어떤 내용인지 추측해 보세요.

UNIT 25-1

Is that your skateboard?

No, it isn't. It's not mine.

잠깐만요 that은 멀리 있는 물건을 가리킬 때 쓴다는 거 알고 있죠? 저 물건의 주인인지 묻는 질문에 '아니'라고 대답하려면 'No, it isn't. It's not mine.'이라고 하면 됩니다. 'Is this ~'로 묻든, 'Is that ~'으로 묻든 대답은 항상 It으로 시작한다는 것도 잊지 마세요.

Listen and Speak 잘 듣고 따라 말해 보세요.

UNIT 25-2

Is that your skateboard? 저것은 네 스케이트보드니?

No, it isn't. It's not mine. 아니. 그것은 내 것이 아니야.

1

hair band
머리띠

2

tennis racket
테니스 라켓

3

jump rope
줄넘기

4

picture
사진

1 Ⓐ Is that _____ _____ _____? 저것은 네 머리띠니?

   Ⓑ No, it isn't. It's not mine. 아니. 그것은 내 것이 아니야.

2 Ⓐ Is _____ _____ _____ _____?

   저것은 네 테니스 라켓이니?

   Ⓑ _____, it isn't. It's not mine. 아니. 그것은 내 것이 아니야.

3 Ⓐ _____ _____ _____ _____ _____? 저것은 네 줄넘기니?

   Ⓑ No, ____ _____. It's not _____. 아니. 그것은 내 것이 아니야.

4 Ⓐ _____ _____ _____ _____? 저것은 네 사진이니?

   Ⓑ _____, it isn't. _____ _____ _____. 아니. 그것은 내 것이 아니야.

🔑 Ⓐ Is that _____ _____? 저것은 네 스케이트보드니?
key

   Ⓑ No, it isn't. _____ 아니. 그것은 내 것이 아니야.

★ 물건이 여러 개일 때는 'Are these ~?', 'Are those ~?'로 질문이 바뀝니다. 부정적인 대답도 'No, they aren't.'로 바꾸게 돼요.

●REC 오늘 배운 회화 표현을 녹음해 보세요.

🚩 **A** 단어나 어구를 잘 듣고 빈칸에 알맞은 철자를 써 넣으세요. 🔊

1

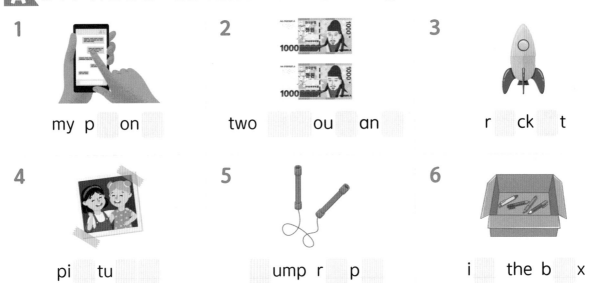

my p ☐ on ☐

2

two ☐ ou ☐ an ☐

3

r ☐ ck ☐ t

4

pi ☐ tu ☐ ☐

5

☐ ump r ☐ p ☐

6

i ☐ the b ☐ x

🚩 **B** 대화를 잘 듣고 상황을 가장 잘 묘사한 그림을 골라 보세요. 🔊

1

2

3

우리말에 맞게 주어진 단어를 바르게 배열해 보세요.

1 그것은 내 것이 아니야. mine . It's not

➡ _____

2 8,000원이란다. eight It's . won thousand

➡ _____

3 이것은 네 축구공이니? ? ball Is your soccer this

➡ _____

4 그녀의 머리핀이 어딨어요? ? her hairpin is Where

➡ _____

5 그것들은 컴퓨터 뒤에 있어. behind . They're computer the

➡ _____

☺ On Your Own

자신의 상황에 맞게 영작해 보고
그림으로도 나타내 보세요.

Q **Where is your notebook?**

A _____

_____

PART 2

초등 5·6학년
교과서 필수 표현

배울 내용 살펴보기

26	국적 묻고 답하기	Where are you from?
27	학년 묻고 답하기	What grade are you in?
28	좋아하는 과목 묻고 답하기	What's your favorite subject?
29	사람의 외모 묘사하기	She has long curly hair.
30	건물 위치 묻고 답하기	It's in front of the restaurant.
31	여가 시간에 하는 일 묻고 답하기	What do you do in your free time?
32	미래 계획 묻고 답하기	What will you do this summer?
33	지난 일 묻고 답하기	What did you do yesterday?
34	감정의 이유 묻고 답하기	Why are you happy?
35	허락을 요청하고 답하기	Can I take a picture?
36	사물의 주인 묻고 답하기	Whose ball is this?
37	증상 묻고 답하기	I have a stomachache.
38	조언하기	Drink lemon tea.
39	날짜 묻고 답하기	It's March 7th.
40	가까운 미래 계획 묻고 답하기	I'm going to plant trees.
41	비교하기	I'm taller than you.
42	음식 권유하기	What would you like?
43	횟수 묻고 답하기	How often do you exercise?
44	해야 할 사항 조언하기	You should wear a helmet.
45	장래 희망 묻고 답하기	I want to be a painter.
46	감탄하기	What a nice room!
47	길을 묻고 답하기	How can I get to the museum?
48	권유하기	How about turning off the water?
49	일과 시간 묻고 답하기	What time do you get up?
50	세부 사항 묻고 답하기	Do you know anything about *hanok*?

☆ 지니쌤 한마디

5학년이 되면 배우는 영어 단어나 문장이 전보다 길고 어려워요. 다른 사람과 나를 비교하는 문장이나 이유를 자세히 설명하는 문장들을 배우게 되죠. 또 날짜, 시간, 횟수 등을 서수나 기수로 말할 수 있어야 해요. 조금 어려워졌지만 반복해서 말하고 쓰다 보면 어느새 실력이 느는 걸 느낄 거예요.

초등 5학년 국적 묻고 답하기

Where are you from?

넌 어느 나라 사람이니?

Listen and Guess 그림을 보며 대화를 듣고 어떤 내용인지 추측해 보세요.

잠깐 만요

외국인을 만난 경험이 있나요? 그럴 때 상대방에게 어느 나라 사람인지 물어보는 표현을 배워 봐요. '나라'라는 말 때문에 country라는 단어를 떠올릴 수 있지만 from를 사용해서 'Where are you from?'이라고 물으면 된답니다.

Listen and Speak 잘 듣고 따라 말해 보세요.

UNIT 26-2

 Where are you from? 넌 어느 나라 사람이니?

 I'm from Korea. 난 한국 사람이야.

1

the USA
미국

2

Canada
캐나다

3

China
중국

4

France
프랑스

1 **A** **Where are you from?** 넌 어느 나라 사람이니?

     B **I'm from** _____ _____. 난 미국 사람이야.

> 나라 이름을 쓸 때 첫 글자는
> 대문자로 써야 해요.

2 **A** _____ **are you from?** 넌 어느 나라 사람이니?

     B **I'm** _____ _____. 난 캐나다 사람이야.

3 **A** **Where** _____ _____ **from?** 넌 어느 나라 사람이니?

     B **I'm** _____ _____. 난 중국 사람이야.

4 **A** **Where are you** _____? 넌 어느 나라 사람이니?

     B _____ _____ _____. 난 프랑스 사람이야.

key **A** _____ 넌 어느 나라 사람이니?

     B **I'm from** _____. 난 한국 사람이야.

★ 미국의 정식 명칭은 'the United States of America'예요. 줄여서 'the USA'라고 쓴답니다. 영국도 'the United Kingdom'의 줄임말로 'the UK'라고 써요.

> 녹음한 음원은
> 꼭 다시 들어 보세요!

●**REC** 오늘 배운 회화 표현을 녹음해 보세요.

초등 5학년   학년 묻고 답하기

What grade are you in?

넌 몇 학년이니?

Listen and Guess 그림을 보며 대화를 듣고 어떤 내용인지 추측해 보세요.

UNIT 27-1

What grade are you in?

I'm in the first grade.

잠깐만요 | 나이를 물었을 때 one(하나), two(둘), three(셋), four(넷) 등과 같이 숫자를 이용해 대답했던 것 기억하나요? 하지만 학년(grade)을 물을 때는 first(첫 번째의), second(두 번째의), third(세 번째의) 등 순서수(서수)를 이용해 대답해야 해요.

Listen and Speak 잘 듣고 따라 말해 보세요.

UNIT 27-2   **What grade are you in?** 넌 몇 학년이니?

I'm in the first grade. 전 1학년이에요.

1 2nd

second
두 번째의

2 3rd

third
세 번째의

3 4th

fourth
네 번째의

4 5th

fifth
다섯 번째의

5 6th

sixth
여섯 번째의

1 **A** **What grade are you in?** 넌 몇 학년이니?

 B **I'm in the** _____ _____. 전 2학년이에요.

2 **A** _____ _____ **are you** ____? 넌 몇 학년이니?

 B **I'm** ____ _____ _____ _____. 전 3학년이에요.

3 **B** _____ 전 4학년이에요.

4 **B** _____ 전 5학년이에요.

5 **B** _____ 전 6학년이에요.

⚷ **A** _____ 넌 몇 학년이니?
key

 B **I'm in the** _____ _____. 전 1학년이에요.

★ 순서수는 숫자 뒤에 보통 th를 붙여서 표현합니다.

seventh	eighth	ninth	tenth	eleventh	twelfth
일곱 번째의	여덟 번째의	아홉 번째의	열 번째의	열한 번째의	열두 번째의

녹음한 음원은
꼭 다시 들어 보세요!

●**REC** 오늘 배운 회화 표현을 녹음해 보세요.

28

What's your favorite subject?

네가 가장 좋아하는 과목은 무엇이니?

Listen and Guess
그림을 보며 대화를 듣고 어떤 내용인지 추측해 보세요.

UNIT 28-1

My favorite subject is English.

What's your favorite subject?

ENGLISH

잠깐
만요

가장 좋아하는 과목을 물을 때는 'favorite subject'라는 표현을 이용해요. 여기서 favorite은 '마음에 드는, 매우 좋아하는'이라는 뜻입니다. '좋아하는 음식'은 'favorite food', '좋아하는 장난감'은 'favorite toy' 등 으로 바꿔서 다양한 문장을 만들 수 있답니다.

Listen and Speak
잘 듣고 따라 말해 보세요.

UNIT 28-2

 What's your favorite subject? 네가 가장 좋아하는 과목은 무엇이니?

 My favorite subject is English. 내가 가장 좋아하는 과목은 영어야.

1

math
수학

2

science
과학

3

music
음악

4

P.E.
체육

1 **A** What's your _____ _____?

네가 가장 좋아하는 과목은 무엇이니?

B My favorite subject is _____. 내가 가장 좋아하는 과목은 수학이야.

2 **A** _____ your favorite subject? 네가 가장 좋아하는 과목은 무엇이니?

B My favorite subject ___ _____. 내가 가장 좋아하는 과목은 과학이야.

3 **A** _____ your favorite _____?

네가 가장 좋아하는 과목은 무엇이니?

B _____ _____ subject ___ _____.

내가 가장 좋아하는 과목은 음악이야.

4 **A** What's _____ _____ _____?

네가 가장 좋아하는 과목은 무엇이니?

B My _____ _____ ___ _____.

내가 가장 좋아하는 과목은 체육이야.

key **A** _____

네가 가장 좋아하는 과목은 무엇이니?

B My favorite subject is _____. 내가 가장 좋아하는 과목은 영어야.

★ 과목을 나타내는 말을 더 알아볼까요?

Korean	social studies	art	history
국어(한국어)	사회	미술	역사

녹음한 음원은
꼭 다시 들어 보세요!

●**REC** 오늘 배운 회화 표현을 녹음해 보세요.

초등 5학년 | 사람의 외모 묘사하기

She has long curly hair.
그녀는 긴 곱슬머리를 가지고 있어.

Listen and Guess 그림을 보며 대화를 듣고 어떤 내용인지 추측해 보세요.

UNIT 29-1

What does she look like?

She has long curly hair.

잠깐만요 : 사람의 외모는 크기나 특징을 나타내는 형용사를 이용해 묘사할 수 있습니다. 머리카락이 길고, 곱슬인 여성이라고 표현하고 싶다면 'long'과 'curly'와 같은 형용사를 이용해 'She has long curly hair.'처럼 설명할 수 있어요.

Listen and Speak 잘 듣고 따라 말해 보세요.

UNIT 29-2

 What does she look like? 그녀는 어떻게 생겼니?

 She has long curly hair. 그녀는 긴 곱슬머리를 가지고 있어.

1
short straight hair
짧은 생머리

2
big brown eyes
큰 갈색의 눈

3
big blue eyes
큰 파란색의 눈

4
a small mouth
작은 입

1 **A** **What does he look like?** 그는 어떻게 생겼니?

    B **He has** _____ _____ _____. 그는 짧은 생머리를 가지고 있어.

2 **A** _____ _____ **she look like?** 그녀는 어떻게 생겼니?

    B _____ **has** _____ _____ _____. 그녀는 큰 갈색의 눈을 가지고 있어.

3 **A** **What does he** _____ _____? 그는 어떻게 생겼니?

    B **He** _____ _____ _____ _____. 그는 큰 파란색의 눈을 가지고 있어.

4 **A** _____ **does** _____ _____ **like?** 그녀는 어떻게 생겼니?

    B _____ _____ ___ _____ _____. 그녀는 작은 입을 가지고 있어.

key **A** _____ **does she** _____ _____? 그녀는 어떻게 생겼니?

    B _____. 그녀는 긴 곱슬머리를 가지고 있어.

★ 신체 부위를 나타내는 단어를 더 알아봐요.

hand	foot	finger	toe	face
손	발	손가락	발가락	얼굴

녹음한 음원은
꼭 다시 들어 보세요!

●**REC** 오늘 배운 회화 표현을 녹음해 보세요.

UNIT 30

초등 5학년 건물 위치 묻고 답하기

It's in front of the restaurant.
그건 식당 앞에 있어요.

Listen and Guess 그림을 보며 대화를 듣고 어떤 내용인지 추측해 보세요.

UNIT 30-1

Where is the library?

It's in front of the restaurant.

잠깐
만요

건물의 위치를 묻는 질문을 할 때는 '어디에'라는 뜻의 의문사 where를 씁니다. 대답은 in front of(~ 앞에), behind(~ 뒤에), between A and B(A와 B 사이에), next to(~ 옆에) 등을 이용해서 위치를 표현해요.

Listen and Speak 잘 듣고 따라 말해 보세요.

  Where is the library? 도서관은 어디에 있니?

 It's in front of the restaurant. 그건 식당 앞에 있어요.

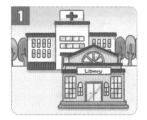

in front of the hospital
병원 앞에

behind the bus stop
버스 정류장 뒤에

between the hair salon and the bank
미용실과 은행 사이에

next to the park
공원 옆에

1 **A** **Where is the library?** 도서관은 어디에 있니?

    B It's ____ _____ _____ **the hospital.** 그건 병원 앞에 있어요.

2 **A** _____ **is the library?** 도서관은 어디에 있니?

    B It's _____ _____ _____ _____. 그건 버스 정류장 뒤에 있어요.

3 **A** **Where is** _____ _____? 도서관은 어디에 있니?

    B It's _____ **the hair salon** _____ **the bank.**

        그건 미용실과 은행 사이에 있어요.

4 **A** _____ ____ **the library?** 도서관은 어디에 있니?

    B _____ _____ ____ _____ _____. 그건 공원 옆에 있어요.

key **A** _____ ____ **the** _____? 도서관은 어디에 있니?

    B _____ 그건 식당 앞에 있어요.

★ 주변에서 자주 볼 수 있는 장소를 더 알아봐요.

supermarket	bakery	fire station	bookstore	theater
슈퍼마켓	빵집	소방서	서점	극장

녹음한 음원은 꼭 다시 들어 보세요!

●**REC** 오늘 배운 회화 표현을 녹음해 보세요.

A 단어나 어구를 잘 듣고 빈칸에 알맞은 철자를 써 넣으세요. 🔊

1

Fr n

2

sc n

3

e on

4

f rt

5

big o n e es

6

ma

 B 대화를 잘 듣고 상황을 가장 잘 묘사한 그림을 골라 보세요. 🔊

1

2

3

C 우리말에 맞게 주어진 단어를 바르게 배열해 보세요.

1 난 캐나다 사람이야. Canada . from I'm

⟹ _____

2 내가 가장 좋아하는 과목은 영어야. My English . favorite is subject

⟹ _____

3 전 3학년이에요. third I'm grade in . the

⟹ _____

4 그건 미용실과 은행 사이에 있어요. between It's and the bank . the hair salon

⟹ _____

5 그는 짧은 생머리를 가지고 있어. straight has hair . He short

⟹ _____

☺ **On Your Own**

자신의 상황에 맞게 영작해 보고
그림으로도 나타내 보세요.

Q What grade are you in?

A _____

_____

초등 5학년　여가 시간에 하는 일 묻고 답하기

What do you do in your free time?
넌 여가 시간에 뭘 하니?

Listen and Guess 그림을 보며 대화를 듣고 어떤 내용인지 추측해 보세요.

UNIT 31-1

What do you do in your free time?

I bake bread in my free time.

잠깐만요 여가 시간을 나타내는 표현은 'free time'이라고 해요. 여가 시간에 하는 일을 물을 때는 'What do you do in your free time?'이라고 질문해요. 이에 대한 대답으로 취미와 관련된 다양한 표현들을 알아두어야겠지요?

Listen and Speak 잘 듣고 따라 말해 보세요.

UNIT 31-2

What do you do in your free time? 넌 여가 시간에 뭘 하니?

I bake bread in my free time. 난 여가 시간에 빵을 구워.

1
watch movies
영화를 보다

2
grow vegetables
채소를 키우다

3
read science books
과학 책을 읽다

4
go to my farm
농장에 가다

1 **A** **What do you do in your free time?** 넌 여가 시간에 뭘 하니?

 B **I** _____ _____ **in my free time.** 난 여가 시간에 영화를 봐.

2 **A** **What do you do** ___ _____ _____ _____**?**

 넌 여가 시간에 뭘 하니?

 B ___ _____ _____ **in my free time.** 난 여가 시간에 채소를 키워.

3 **A** _____ **do you do** ___ _____ _____ _____**?**

 넌 여가 시간에 뭘 하니?

 B ___ _____ _____ _____ **in my free time.**

 난 여가 시간에 과학 책(들)을 읽어.

4 **A** _____ ____ _____ ____ **in your free time?**

 넌 여가 시간에 뭘 하니?

 B ___ _____ _____ __ ___ _____ _____**.**

 난 여가 시간에 (내) 농장에 가.

key **A** _____

 넌 여가 시간에 뭘 하니?

 B ___ _____ _____ **in my free time.** 난 여가 시간에 빵을 구워.

★ 여가 시간 외 특정한 때에 무엇을 하는지 질문을 할 때도 있겠지요? 이번 주말에(this weekend), 휴일에 (on holiday), 여름 방학 동안에(during summer vacation) 등의 표현을 바꿔 가며 다양하게 질문을 해 보세요.

녹음한 음원은 꼭 다시 들어 보세요!

●**REC** 오늘 배운 회화 표현을 녹음해 보세요.

초등 5학년 | 미래 계획 묻고 답하기

What will you do this summer?
넌 이번 여름에 뭐 할 거니?

Listen and Guess
그림을 보며 대화를 듣고 어떤 내용인지 추측해 보세요.

UNIT 32-1

What will you do this summer?

I'll ride on a boat this summer.

잠깐 만요
앞으로 할 일에 대한 질문은 '~할 것이다'라는 뜻의 조동사 will을 써서 나타내요. 대답할 때도 will을 써서 자신이 할 일을 말하면 돼요.

Listen and Speak
잘 듣고 따라 말해 보세요.

UNIT 32-2

 What will you do this summer? 넌 이번 여름에 뭐 할 거니?

 I'll ride on a boat this summer. 난 이번 여름에 보트를 탈 거야.

I'll은 I will의 줄임말이에요.

1
nǐhǎo
learn Chinese
중국어를 배우다

2
take a dance class
춤 수업을 받다

3
visit the museum
박물관을 방문하다

4
attend a festival
축제에 참가하다

1 A **What will you do this summer?** 넌 이번 여름에 뭐 할 거니?

    B **I'll _____ _____ this summer.**

    난 이번 여름에 중국어를 배울 거야.

2 A **_____ _____ you do _____ _____?**

    넌 이번 여름에 뭐 할 거니?

    B **_____ _____ ___ _____ _____ this summer.**

    난 이번 여름에 춤 수업을 받을 거야.

3 A **What will you do _____ _____?** 넌 이번 여름에 뭐 할 거니?

    B **I'll _____ _____ _____ this summer.**

    난 이번 여름에 박물관을 방문할 거야.

4 A **_____ _____ _____ ____ this summer?** 넌 이번 여름에 뭐 할 거니?

    B **_____ _____ ___ _____ _____ _____.**

    난 이번 여름에 축제에 참가할 거야.

key A **_____**

    넌 이번 여름에 뭐 할 거니?

    B **I'll _____ ____ __ _____ this summer.** 난 이번 여름에 보트를 탈 거야.

녹음한 음원은 꼭 다시 들어 보세요!

●**REC** 오늘 배운 회화 표현을 녹음해 보세요.

What did you do yesterday?
넌 어제 뭐 했니?

Listen and Guess 그림을 보며 대화를 듣고 어떤 내용인지 추측해 보세요.

UNIT 33-1

What did you do yesterday?

I went to the museum yesterday.

잠깐만요 이번에는 이전에 했던 일을 묻는 표현을 배울 거예요. do의 과거형인 did를 이용해서 질문해 봐요. 과거 동사는 보통 played, visited처럼 동사에 -ed를 붙이면 되는데, 어떤 동사는 went(go의 과거), made(make의 과거)처럼 완전히 다른 형태의 과거형을 가지고 있어서 잘 익혀 둬야 해요.

Listen and Speak 잘 듣고 따라 말해 보세요.

 UNIT 33-2

 What did you do yesterday? 넌 어제 뭐 했니?

 I went to the museum yesterday. 전 어제 박물관에 갔어요.

1

played basketball
농구를 했다

2

made a robot
로봇을 만들었다

3

went on a picnic
소풍을 갔다

4

visited my grandparents
조부모님 댁을 방문했다

1 A **What did you do yesterday?** 넌 어제 뭐 했니?

  B **I** _____ _____ **yesterday.** 전 어제 농구를 했어요.

2 A **What did you do** _____**?** 넌 어제 뭐 했니?

  B ___ _____ ___ _____ **yesterday.** 전 어제 로봇을 만들었어요.

3 A _____ ____ _____ ____ **yesterday?** 넌 어제 뭐 했니?

  B **I** _____ ____ ___ _____ _____ **.**

  전 어제 소풍을 갔어요.

4 A _____ ____ _____ ____ **yesterday?** 넌 어제 뭐 했니?

  B ___ _____ ____ _____

  _____ **.** 전 어제 조부모님 댁을 방문했어요.

🔑 A _____
key

  넌 어제 뭐 했니?

  B ___ _____ ____ _____ **yesterday.** 전 어제 박물관에 갔어요.

★ 지나간 일에 대해 말할 때에는 과거를 나타내는 yesterday(어제), last weekend(지난 주말), last summer(지난 여름), a few hours ago(몇 시간 전)등과 같은 표현을 함께 쓸 수 있어요.

●**REC** 오늘 배운 회화 표현을 녹음해 보세요.

초등 5학년 | 감정의 이유 묻고 답하기

Why are you happy?
넌 왜 기분이 좋니?

Listen and Guess 그림을 보며 대화를 듣고 어떤 내용인지 추측해 보세요.

UNIT 34-1

Why are you happy?

Because I won the soccer game.

잠깐만요 | 이유를 물어볼 때는 '왜'라는 뜻의 의문사 why를 써요. 대답은 why의 짝꿍인 because(왜냐하면)로 시작해서 뒤에 왜 그런지 이유를 설명하면 돼요. 지나간 일을 말할 때는 과거 동사를 써서 대답해요.

Listen and Speak 잘 듣고, 따라 말해 보세요.

UNIT 34-2

 Why are you happy? 넌 왜 기분이 좋니?(좋은 일이 있니?)

 Because I won the soccer game. 왜냐하면 내가 축구 경기에서 이겼어.

happy 행복한 / **made new friends** 새 친구들을 사귀었다	**happy** 행복한 / **got a present** 선물을 받았다	**upset** 속상한 / **lost my purse** 내 지갑을 잃어버렸다	**upset** 속상한 / **missed the bus** 버스를 놓쳤다

1 **A** **Why are you happy?** 넌 왜 기분이 좋니?

B **Because I** _____ _____ _____.

왜냐하면 난 새 친구들을 사귀었어.

2 **A** _____ **are you happy?** 넌 왜 기분이 좋니?

B **Because** ___ _____ ___ _____. 왜냐하면 난 선물을 받았어.

3 **A** _____ _____ _____ **upset?** 넌 왜 기분이 안 좋니?

B _____ **I** _____ _____ _____. 왜냐하면 난 지갑을 잃어버렸어.

4 **A** **Why** _____ _____ _____? 넌 왜 기분이 안 좋니?

B _____ ___ _____ _____ _____.

왜냐하면 난 버스를 놓쳤어.

🔑 **A** _____ 넌 왜 기분이 좋니?
key

B **Because** ___ _____ _____ _____ _____.

왜냐하면 내가 축구 경기에서 이겼어.

★ 감정을 표현하는 말에는 happy(행복한), excited(신나는), sad(슬픈), upset(속상한) 등이 있어요.

녹음한 음원은
꼭 다시 들어 보세요!

●**REC** 오늘 배운 회화 표현을 녹음해 보세요.

초등 5학년 허락을 요청하고 답하기

Can I take a picture?

사진을 찍어도 되나요?

Listen and Guess 그림을 보며 대화를 듣고 어떤 내용인지 추측해 보세요.

UNIT 35-1

Can I take a picture?

Sure, you can.

잠깐만요 can은 '~을 할 수 있다'라는 의미 외에도 '~을 해도 될까요?'라는 뜻으로 허락을 요청할 때 쓰기도 해요. 그럴 때는 '해도 된다(Sure, you can.)', 또는 '미안하지만, 하면 안 된다(Sorry, you can't.)'라고 대답할 수 있어요.

Listen and Speak 잘 듣고 따라 말해 보세요.

UNIT 35-2

 Can I take a picture? 사진을 찍어도 되나요?

 Sure, you can. 물론이에요. ☺
Sorry, you can't. 죄송하지만, 안 돼요. ☹

get a map
지도를 얻다

use the computer
컴퓨터를 사용하다

swim here
여기서 수영하다

try on this T-shirt
이 티셔츠를 입어 보다

1 A Can I _____ ___ _____? 지도를 얻을 수 있을까요?

   B **Sure, you can.** 물론이에요.

2 A **Can ___ _____ _____ _____?**

   컴퓨터를 써도 되나요?

   B _____, **you can't.** 죄송하지만, 안 돼요.

3 A _____ ___ _____ _____? 여기서 수영을 해도 되나요?

   B _____, **you** _____. 물론이에요.

4 A _____ ___ ____ _____ _____?

   이 티셔츠를 입어 봐도 되나요?

   B _____, **you** _____. 죄송하지만, 안 돼요.

key A _____ 사진을 찍어도 되나요?

   B **Sure,** _____ _____. 물론이에요.

★ 'Can I ~?'와 비슷한 표현으로는 'May I ~?' 가 있어요. 좀 더 공손하게 물을 때는 문장 뒤에 please를 붙이면 돼요.

녹음한 음원은
꼭 다시 들어 보세요!

•**REC** 오늘 배운 회화 표현을 녹음해 보세요.

A 어구를 잘 듣고 빈칸에 알맞은 철자를 써 넣으세요. 🔊

1

gr　w
ve　e　abl　s

2
pl　ed
b　ske　ba

3
l　s
my　ur　e

4
is　t
the　m　se

5
s　m
h　r

6
go
a　re　t

B 대화를 잘 듣고 상황을 가장 잘 묘사한 그림을 골라 보세요. 🔊

1　a

　b

2　a

　b

3　a

　b

C 우리말에 맞게 주어진 단어를 바르게 배열해 보세요.

1 난 이번 여름에 춤 수업을 받을 거야.   take . summer this I'll a class dance

    ➡ _____

2 왜냐하면 난 지갑을 잃어버렸어.   I Because purse . lost my

    ➡ _____

3 난 여가 시간에 (내) 농장에 가.   go to in my . I free time my farm

    ➡ _____

4 전 어제 조부모님 댁을 방문했어요.   grandparents visited I . yesterday my

    ➡ _____

5 이 티셔츠를 입어 봐도 되나요?   ? T-shirt Can on I try this

    ➡ _____

😃 On Your Own

자신의 상황에 맞게 영작해 보고
그림으로도 나타내 보세요.

Q What did you do yesterday?

A _____

_____

36 Whose ball is this?

초등 5학년 | 사물의 주인 묻고 답하기

이것은 누구의 공이니?

Listen and Guess 그림을 보며 대화를 듣고 어떤 내용인지 추측해 보세요.

UNIT 36-1

Whose ball is this?

It's Stella's.

잠깐만요 | 누구의 공인지 알고 싶을 때에는 '누구의'라는 뜻의 whose를 사용하여 'Whose ball is this?'와 같이 질문해요. 이에 대한 대답은 '누군가의 것'이라는 말을 써야 하므로, 사람의 이름 뒤에 -'s를 붙여서 여기서는 Stella's(스텔라의 것)와 같이 말해요.

Listen and Speak 잘 듣고 따라 말해 보세요.

UNIT 36-2

 Whose ball is this? 이것은 누구의 공이니?

 It's Stella's. 그것은 스텔라 거야.

1 book 책	**2** drone 드론	**3** socks 양말(들)	**4** shoes 신발(들)

1 A _____ _____ is this? 이것은 누구의 책이니?

   B It's Stella's. 그것은 스텔라 거야.

2 A Whose _____ ___ _____? 이것은 누구의 드론이니?

   B _____ Stella's. 그것은 스텔라 거야.

3 A _____ _____ are these? 이것들은 누구의 양말(들)이니?

   B They're _____. 그것은 스텔라 거야.

4 A _____ _____ _____ _____?

   이것들은 누구의 신발(들)이니?

   B _____ _____. 그것은 스텔라 거야.

🔑key A _____ 이것은 누구의 공이니?

   B It's _____. 그것은 스텔라 거야.

★ these는 '이것들'이라는 뜻으로 사물이 여러 개일 때 사용해요. 양말, 신발, 가위 등 짝을 이루어 사용하는 물건들은 복수형으로 쓰고, 지칭하는 대명사도 they와 같은 복수형으로 써야 한다는 것을 잊지 마세요.

녹음한 음원은 꼭 다시 들어 보세요!

●REC 오늘 배운 회화 표현을 녹음해 보세요.

초등 6학년 | 증상 묻고 답하기

I have a stomachache.

전 배가 아파요.

Listen and Guess 그림을 보며 대화를 듣고 어떤 내용인지 추측해 보세요.

UNIT 37-1

What's wrong?

I have a stomachache.

잠깐 만요

여러분도 아플 때가 있지요? 어디가 아프냐는 말을 영어로는 어떻게 표현할까요? '아프다'라는 직접적인 표현 대신 '무엇이 문제니?'라는 뜻의 'What's wrong?'이라는 표현을 써요. 'What's wrong?'과 바꿔 쓸 수 있는 말에는 'What's the problem?'도 있어요. 대답은 「I have a + 아픈 증상」으로 말하면 돼요.

Listen and Speak 잘 듣고 따라 말해 보세요.

UNIT 37-2

 What's wrong? 어디가 아프니?

 I have a stomachache. 전 배가 아파요.

1 cold
감기

2 headache
두통

3 fever
열

4 toothache
치통

1 A **What's wrong?** 어디가 아프니?

B **I have ___ _____.** 전 감기에 걸렸어요.

> 증상을 나타내는 말 앞에는 'a'를 붙여요.

2 A _____ **wrong?** 어디가 아프니?

B I _____ ___ _____. 전 머리가 아파요.

3 A **What's _____?** 어디가 아프니?

B ___ _____ ___ _____. 전 열이 나요.

4 A _____ _____? 어디가 아프니?

B **I have ___ _____.** 전 이가 아파요.

🔑 A **What's _____?** 어디가 아프니?

B _____ 전 배가 아파요.

★ '감기에 걸렸다'는 표현은 'I catch(caught) a cold.'라고도 해요.

> 녹음한 음원은 꼭 다시 들어 보세요!

●**REC** 오늘 배운 회화 표현을 녹음해 보세요.

Drink lemon tea.
레몬 차를 마시렴.

그림을 보며 대화를 듣고 어떤 내용인지 추측해 보세요.

UNIT 38-1

Drink lemon tea and get some rest.

I have a cold.

잠깐만요   증상을 말했다면 처방도 필요하겠죠? 의사의 전문적인 처방이 아니라 일상적으로 누군가에게 조언을 할 때가 있어요. 이때 문장은 주어가 생략된 동사원형으로 시작하는 명령문으로 쓸 수 있어요.

Listen and Speak 잘 듣고 따라 말해 보세요.

UNIT 38-2

 I have a cold. 전 감기 걸렸어요.

 Drink lemon tea and get some rest. 레몬 차를 마시고 푹 쉬렴.

1
go to bed early
일찍 자다

2
stay home today
오늘은 집에 머물다

3
take some medicine
약을 먹다

4
eat some hot soup
따뜻한 수프를 먹다

1 **A** I have a cold. 전 감기 걸렸어요.

    B _____ ____ _____ _____ and get some rest. 일찍 자고 푹 쉬렴.

2 **A** I have a _____. 전 감기 걸렸어요.

    B _____ _____ _____ _____ get some rest.
오늘은 집에 머물고 푹 쉬렴.

3 **A** ___ _____ a cold. 전 감기 걸렸어요.

    B _____ _____ _____ and _____
_____ _____. 약을 먹고 푹 쉬렴.

4 **A** I have ___ _____. 전 감기 걸렸어요.

    B _____ _____ _____ _____ _____
_____ _____. 따뜻한 수프를 먹고 푹 쉬렴.

key **A** ___ _____ ___ _____. 전 감기 걸렸어요.

    B _____
레몬 차를 마시고 푹 쉬렴.

★ 상대방에게 조언할 때 '~하는 게 어때?'라는 뜻인 「Why don't you + 동사원형?」나 「How about + 동사원형 -ing?」
표현도 자주 써요.

녹음한 음원은
꼭 다시 들어 보세요!

●REC 오늘 배운 회화 표현을 녹음해 보세요.

초등 6학년　날짜 묻고 답하기

It's March 7th.

3월 7일이야.

Listen and Guess 그림을 보며 대화를 듣고 어떤 내용인지 추측해 보세요.

잠깐
만요

친구의 생일이나 학교 축제일은 언제인가요? 날짜가 궁금할 땐 When으로 시작하는 질문을 해요. 대답할 때는 월, 일 순서로 말하며 일자는 1st, 2nd와 같이 서수(순서 수)로 나타낸다는 것을 잊지 마세요.

Listen and Speak 잘 듣고 따라 말해 보세요.

 When is the school festival? 학교 축제는 언제야?

 It's March 7th. 3월 7일이야.

7th(seventh), 2nd(second), 3rd(third), 24th(twenty fourth), 30th(thirtieth)와 같이 읽어요.

1	2	3	4

February 2nd	June 3rd	August 24th	November 30th
2월 2일	6월 3일	8월 24일	11월 30일

1 A **When is the school festival?** 학교 축제는 언제야?

  B **It's** _____ _____. 2월 2일이야.

2 A **When is** _____ _____ _____? 학교 축제는 언제야?

  B _____ _____ _____. 6월 3일이야.

3 A _____ **is the school festival?** 학교 축제는 언제야?

  B **It's** _____ _____. 8월 24일이야.

4 A _____ ____ **the school festival?** 학교 축제는 언제야?

  B _____ _____ _____. 11월 30일이야.

🔑 key A _____ _____ _____ _____ _____?

학교 축제는 언제야?

  B _____ 3월 7일이야.

★ 열두 달 이름을 영어로 알아봐요.

January - 1월	February - 2월	March - 3월	April - 4월	May - 5월	June - 6월
July - 7월	August - 8월	September - 9월	October - 10월	November - 11월	December - 12월

녹음한 음원은 꼭 다시 들어 보세요!

● **REC** 오늘 배운 회화 표현을 녹음해 보세요.

초등 6학년 | 가까운 미래 계획 묻고 답하기

I'm going to plant trees.
난 나무를 심을 거야.

Listen and Guess
그림을 보며 대화를 듣고 어떤 내용인지 추측해 보세요.

UNIT 40-1

What are you going to do?

I'm going to plant trees.

잠깐만요 | 미래의 계획을 물을 때에는 'What are you going to do?'라는 표현을 써요. 앞에서 미래를 나타낼 때 will 을 썼던 거 기억하나요? 아주 가까운 미래에 계획이 확정된 사실에 대해서는 「be going to + 동사원형」 을 쓸 수 있어요.

Listen and Speak
잘 듣고 따라 말해 보세요.

UNIT 40-2

What are you going to do? 넌 뭘 할 계획이니?

I'm going to plant trees. 난 나무를 심을 거야.

1
make an eco-bag
에코백을 만들다

2 Ski Camp
join a ski camp
스키 캠프에 가입하다

3
take a piano lesson
피아노 수업을 받다

4
walk the dog
개를 산책 시키다

1 A **What are you going to do?** 넌 뭘 할 계획이니?

   B **I'm going to** _____ _____ _____. 난 에코백을 만들 거야.

2 A _____ **are you going to do?** 넌 뭘 할 계획이니?

   B **I'm going** _____ _____ ___ _____ _____.
   난 스키 캠프에 가입할 거야.

3 A _____ _____ _____ **going to do?** 넌 뭘 할 계획이니?

   B **I'm** _____ _____ _____ ___ _____ _____.
   난 피아노 수업을 받을 거야.

4 A _____ _____ _____ _____ _____ **do?** 넌 뭘 할 계획이니?

   B **I'm going to** _____ _____ _____. 난 개를 산책 시킬 거야.

 key A **What are you** _____ _____ _____? 넌 뭘 할 계획이니?

   B _____ 난 나무를 심을 거야.

★ 'I'm going to ~'는 '나는 ~을 할 것이다'라는 뜻이죠? 그렇다면 '나는 ~에 갈 계획이다'는 어떻게 쓸까요? 'I'm going to go to ~'라고 써요. go가 두 번 들어가도 헷갈리지 마세요.

●**REC** 오늘 배운 회화 표현을 녹음해 보세요.

녹음한 음원은 꼭 다시 들어 보세요!

A 단어나 어구를 잘 듣고 빈칸에 알맞은 철자를 써 넣으세요. 🔊

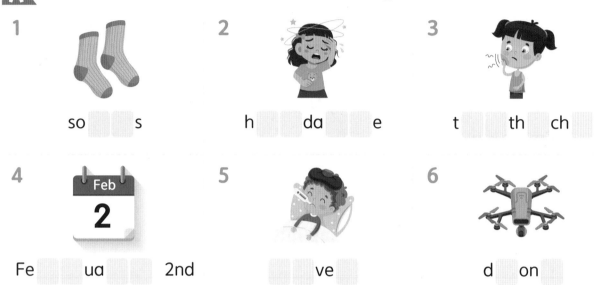

1   so ☐ ☐ s

2   h ☐ da ☐ e

3   t ☐ th ☐ ch

4   Fe ☐ ☐ ua ☐ ☐ 2nd

5   ☐ ☐ ve ☐

6   d ☐ on ☐

B 대화를 잘 듣고 상황을 가장 잘 묘사한 그림을 골라 보세요. 🔊

1

2

3

C 우리말에 맞게 주어진 단어를 바르게 배열해 보세요.

1 11월 30일이야. [30th] [It's] [November] [.]

➡ _____

2 이것들은 누구의 신발(들)이니? [shoes] [Whose] [?] [are] [these]

➡ _____

3 전 배가 아파요. [.] [stomachache] [have] [I] [a]

➡ _____

4 난 스키 캠프에 가입할 거야. [a] [I'm] [camp] [going] [.] [ski] [to] [join]

➡ _____

5 약을 먹고 좀 쉬렴. [some rest] [get] [Take] [and] [some medicine] [.]

➡ _____

☺ On Your Own

자신의 상황에 맞게 영작해 보고
그림으로도 나타내 보세요.

Q What are you going to do?

A _____

_____

초등 6학년 | 비교하기

I'm taller than you.

난 너보다 키가 더 커.

Listen and Guess
그림을 보며 대화를 듣고 어떤 내용인지 추측해 보세요.

UNIT 41-1

> I'm taller than you.

> I don't think so. You're not taller than me.

잠깐만요 친구와 키가 누가 더 큰지 비교해 본 적이 있나요? 이럴 때 쓰는 영어 규칙이 있어요. 내가 표현하고자 하는 형용사에 -er을 붙여서 '더 ~한'이라는 표현을 해요. 그리고 ' ~보다'는 than을 이용해서 than you (너보다), than me(나보다) 등으로 나타내요. 이렇게 하면 'I'm taller than you.'와 같은 표현이 탄생해요.

Listen and Speak
잘 듣고 따라 말해 보세요.

UNIT 41-2

 I'm taller than you. 난 너보다 키가 더 커.

 I don't think so. You're not taller than me.
난 그렇게 생각하지 않아. 너는 나보다 키가 더 크지 않아.

1

faster
더 빠른

2

stronger
더 강한

3

heavier
더 무거운

4

busier
더 바쁜

1 **A** I'm _____ than you. 난 너보다 더 빨라.

  B I don't think so. You're not _____ _____ me.

  난 그렇게 생각하지 않아. 너는 나보다 더 빠르지 않아.

2 **A** I'm _____ _____ you. 난 너보다 더 힘이 강해.

  B I don't think so. _____ not _____
  _____ me. 난 그렇게 생각하지 않아. 너는 나보다 더 힘이 강하지 않아.

3 **A** I'm _____ _____ _____. 난 너보다 더 무거워.

  B I don't think so. _____ _____ _____
  _____ me. 난 그렇게 생각하지 않아. 너는 나보다 더 무겁지 않아.

4 **A** ____ _____ _____ you. 난 너보다 더 바빠.

  B I _____ _____ so. You're not _____
  _____ ____. 난 그렇게 생각하지 않아. 너는 나보다 더 바쁘지 않아.

🔑 **A** _____ 난 너보다 키가 더 커.
key

  B I don't think so. _____ _____ taller _____ ____.

  난 그렇게 생각하지 않아. 너는 나보다 키가 더 크지 않아.

★ 'I don't think so.' 대신 'That's not right.'으로 바꿔 쓸 수 있어요. 그리고 만약 상대방의 말에 동의를 한다면 'I think so.' 또는 'That's right.'이라고 답할 수 있어요.

●**REC** 오늘 배운 회화 표현을 녹음해 보세요.

녹음한 음원은
꼭 다시 들어 보세요!

초등 6학년 | 음식 권유하기

What would you like?

어떤 걸로 드시겠어요?

UNIT 42-1

What would
you like?

I'd like fried
rice, please.

MENU

잠깐
만요

식당 종업원이 음식이나 음료를 주문 받을 때 'What would you like (to eat / to drink)?'라고 해요. 대답을 할 때는 「I'd like + 음식이나 음료 이름」으로 자신이 먹고 싶은 걸 말하면 돼요. 맨 뒤에 please를 붙여주면 공손한 표현이 된다는 건 알고 있지요?

UNIT 42-2

 What would you like? 어떤 걸로 드시겠어요?

 I'd like fried rice**, please.** 전 볶음밥으로 할게요.

1	2	3	4

tomato spaghetti	**potato pizza**	**apple juice**	**a milkshake**
토마토 스파게티	감자 피자	사과 주스	밀크셰이크

1 **A** **What would you like?** 어떤 걸로 드시겠어요?

    B **I'd like** _____ _____, **please.**

전 토마토 스파게티로 할게요.

2 **A** _____ **would you like?** 어떤 걸로 드시겠어요?

    B **I'd** _____ _____ _____, **please.** 전 감자 피자로 할게요.

3 **A** _____ _____ **you like?** 어떤 걸로 드시겠어요?

    B ____ _____ _____ _____, _____.

전 사과 주스로 할게요.

4 **A** **What would** _____ _____? 어떤 걸로 드시겠어요?

    B **I'd like** ___ _____, _____.

전 밀크셰이크로 할게요.

key **A** _____ 어떤 걸로 드시겠어요?

    B **I'd like** _____ _____, _____. 전 볶음밥으로 할게요.

★ 'What would you like?' 표현 대신 'May I take your order?(주문하시겠어요?)'와 같은 표현을 쓸 수 있어요. 대답할 때 활용할 수 있는 다양한 음식 이름을 알아봐요.

sushi	chicken	risotto	taco	noodles
초밥	치킨	리소또	타코	국수

녹음한 음원은 꼭 다시 들어 보세요!

● **REC** 오늘 배운 회화 표현을 녹음해 보세요.

초등 6학년 횟수 묻고 답하기

How often do you exercise?

넌 얼마나 자주 운동을 하니?

Listen and Guess 그림을 보며 대화를 듣고 어떤 내용인지 추측해 보세요.

UNIT 43-1

How often do you exercise?

Once a week.

잠깐 만요 'How many', 'How much'와 같이 '얼마나 많이'를 나타내는 표현을 앞에서 배웠지요? 그것처럼 '얼마나 자주'라는 표현으로 'How often'을 쓸 수 있어요. 대답할 때는 once, twice, three times처럼 횟수를 나타내는 표현을 써요.

Listen and Speak 잘 듣고 따라 말해 보세요.

UNIT 43-2

How often do you exercise? 넌 얼마나 자주 운동을 하니?

Once a week. 일주일에 한 번 해.

twice a week
일주일에 두 번

three times a week
일주일에 세 번

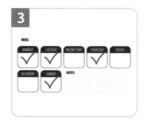

four times a week
일주일에 네 번

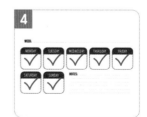

every day
매일

1 Ⓐ **How often do you exercise?** 넌 얼마나 자주 운동을 하니?

Ⓑ _____ ___ _____. 일주일에 두 번 해.

2 Ⓐ **How often do you _____?** 넌 얼마나 자주 운동을 하니?

Ⓑ _____ _____ ___ _____. 일주일에 세 번 해.

3 Ⓐ _____ _____ **do you exercise?** 넌 얼마나 자주 운동을 하니?

Ⓑ _____ _____ ___ _____. 일주일에 네 번 해.

4 Ⓐ **How often** _____ _____ _____? 넌 얼마나 자주 운동을 하니?

Ⓑ _____ _____. 매일 해.

🔑
key
Ⓐ _____ _____ **do you** _____?

넌 얼마나 자주 운동을 하니?

Ⓑ _____ 일주일에 한 번 해.

★ exercise 외에도 brush your teeth, wash your hands 등의 표현을 활용해 생활 습관에 관한 횟수를 물을 때에도 'How often' 표현을 사용할 수 있어요.

●**REC** 오늘 배운 회화 표현을 녹음해 보세요.

초등 6학년　해야 할 사항 조언하기

You should wear a helmet.

넌 헬멧을 써야 해.

Listen and Guess 그림을 보며 대화를 듣고 어떤 내용인지 추측해 보세요.

UNIT 44-1

You should wear a helmet.

You're right. Thank you.

잠깐 만요　지켜야 하는 사항에 대해 말하는 표현을 배워 볼까요? 요청하거나 허락을 구할 때는 can이라는 조동사를 사용했어요. 지켜야 하는 사항에 대해서 조언할 때 쓰는 조동사도 있어요. '~해야 한다'라는 뜻으로 의무를 나타내는 조동사인 'should'랍니다.

Listen and Speak 잘 듣고 따라 말해 보세요.

UNIT 44-2

You should wear a helmet. 넌 헬멧을 써야 해.

You're right. Thank you. 맞아요. 감사합니다.

should 발음에 유의하세요. l이 묵음이리 [슈드]로 발음해요.

1 stop at the red light
빨간 불에 멈추다

2 wear your seatbelt
안전벨트를 매다

3 wash your hands
손을 씻다

4 brush your teeth
이를 닦다

1 **A** You should _____ ____ _____ _____ _____.

넌 빨간 불에 멈춰야 해.

  B You're right. Thank you. 맞아요. 감사합니다.

2 **A** You should _____ _____ _____.

넌 (네) 안전벨트를 매야 해.

  B _____ _____. Thank you. 맞아요. 감사합니다.

3 **A** You _____ _____ _____ _____.

넌 (네) 손을 씻어야 해.

  B You're right. _____ _____. 맞아요. 감사합니다.

4 **A** You should _____ _____ _____. 넌 (네) 이를 닦아야 해.

  B _____ _____. Thank you. 맞아요. 감사합니다.

🔑 key **A** _____ 넌 헬멧을 써야 해.

  B _____ _____. Thank you. 맞아요. 감사합니다.

★ should를 쓸 수 있는 상황은 어떤 예가 더 있을까요?

clean your room	do your homework	get up early	do the dishes
방을 청소하다	숙제하다	일찍 일어나다	설거지하다

녹음한 음원은 꼭 다시 들어 보세요!

●REC 오늘 배운 회화 표현을 녹음해 보세요.

초등 6학년　장래 희망 묻고 답하기

I want to be a painter.
난 화가가 되고 싶어.

Listen and Guess 그림을 보며 대화를 듣고 어떤 내용인지 추측해 보세요.

What do you want to be?

I want to be a painter.

잠깐
만요 ┃ 장래 희망을 물어볼 때는 'What do you want to be?'라고 하면 돼요. 이에 대답할 때도 'want to be'를 이용해서 '~이 되고 싶다'라고 해요.

Listen and Speak 잘 듣고 따라 말해 보세요.

UNIT 45-2　 **What do you want to be?** 넌 뭐가 되고 싶니?

 I want to be a painter. 난 화가가 되고 싶어.

1
scientist
과학자

2
doctor
의사

3
teacher
선생님

4
pilot
조종사

1　A　**What do you want to be?** 넌 뭐가 되고 싶니?

　　B　**I want to be** ___ _____. 난 과학자가 되고 싶어.

2　A　_____ **do you want to be?** 넌 뭐가 되고 싶니?

　　B　**I** _____ **to be** ___ _____. 난 의사가 되고 싶어.

3　A　**What do you** _____ _____ **be?** 넌 뭐가 되고 싶니?

　　B　**I** _____ _____ **be** ___ _____. 난 선생님이 되고 싶어.

4　A　_____ **do you** _____ _____ _____? 넌 뭐가 되고 싶니?

　　B　___ _____ _____ ___ _____ _____. 난 조종사가 되고 싶어.

🔑key　A　_____ _____ _____ _____ _____ _____? 넌 뭐가 되고 싶니?

　　B　_____ 난 화가가 되고 싶어.

★ 직업과 관련된 다양한 단어를 알아 봐요.

pianist	lawyer	fashion model	nurse	writer
피아니스트	변호사	패션 모델	간호사	작가

녹음한 음원은
꼭 다시 들어 보세요!

●**REC** 오늘 배운 회화 표현을 녹음해 보세요.

A 단어나 어구를 잘 듣고 빈칸에 알맞은 철자를 써 넣으세요. 🔊

1

▢ ilo ▢

2

s ▢ on ▢ er

3

▢ eav ▢ ▢

4

t ▢ ▢ ce a w ▢ ▢ k

5

e ▢ e y d ▢ ▢

6

s ▢ ▢ ▢ en ▢ s

B 대화를 잘 듣고 상황을 가장 잘 묘사한 그림을 골라 보세요. 🔊

1

a

b

2

a

b

3

a

b

1 전 토마토 스파게티로 할게요. please . I'd spaghetti, like tomato

➡ _____

2 너는 나보다 힘이 더 강하지 않아. me You're than stronger not .

➡ _____

3 난 조종사가 되고 싶어. a . I pilot to be want

➡ _____

4 넌 얼마나 자주 운동을 하니? How do exercise often ? you

➡ _____

5 넌 (네) 안전벨트를 매야 해. should seatbelt You your . wear

➡ _____

☺ On Your Own

자신의 상황에 맞게 영작해 보고
그림으로도 나타내 보세요.

Q **What do you want to be?**

A _____

_____

What a nice room!
이렇게 좋은 방이라니!

Listen and Guess 그림을 보며 대화를 듣고 어떤 내용인지 추측해 보세요.

UNIT 46-1

This is my room.

What a nice room!

잠깐만요   장소나 사물을 보고 감탄한 적이 있나요? 영어로는 「What a(n) + 형용사 + 명사!」의 순서로 표현해요. What 대신 How를 쓸 수도 있어요. 그럴 때는 「How + 형용사!」 순서로 써야 돼요.

Listen and Speak 잘 듣고 따라 말해 보세요.

UNIT 46-2

 This is my room. 이곳은 내 방이야.

 What a nice room! 이렇게 좋은 방이라니!

1
fancy bike
화려한 자전거

2
cool bag
멋진 가방

3
beautiful dress
아름다운 드레스

4
wonderful picture
멋진 그림

1 A **This is my bike.** 이건 내 자전거야.

   B **What a** _____ _____! 이렇게 화려한 자전거라니!

2 A **This is my** _____. 이건 내 가방이야.

   B _____ **a** _____ _____! 이렇게 멋진 가방이라니!

3 A **This is** ____ _____. 이건 내 드레스야.

   B _____ __ _____ _____! 이렇게 아름다운 드레스라니!

4 A **This** ___ ____ _____. 이건 내 그림이야.

   B _____ __ _____ _____!

   이렇게 멋진 그림이라니!

🔑 key A _____ ____ ____ _____. 이곳은 내 방이야.

   B _____ 이렇게 좋은 방이라니!

★ 위의 문장들을 How 감탄문으로 바꿔 볼까요? How fancy! How cool!, How beautiful!, How wonderful! How nice!
   어때요? 어렵지 않지요?

●**REC** 오늘 배운 회화 표현을 녹음해 보세요.

녹음한 음원은
꼭 다시 들어 보세요!

초등 6학년　길을 묻고 답하기

How can I get to the museum?

박물관에 어떻게 가나요?

Listen and Guess ▶ 그림을 보며 대화를 듣고 어떤 내용인지 추측해 보세요.

> How can I get
> to the museum?

> Go straight and
> turn right.

잠깐
만요

모르는 길을 묻는 상황은 흔히 있는 일이지요? 이때 '제가 어떻게 ~에 도착하나요?'라는 의미인 'How can I get to ~ ?'를 써서 표현해요. 그리고 to 다음에 목적지를 써 주면 돼요. get 대신에 go를 써서 'How can I go to ~ ?'와 같이 물을 수도 있어요.

Listen and Speak ▶ 잘 듣고 따라 말해 보세요.

 How can I get to the museum? 박물관에 어떻게 가나요?

 Go straight and turn right. 직진하다가 우회전하세요.

post office / left
우체국 / 왼쪽

bus stop / right
버스 정류장 / 오른쪽

police station / left
경찰서 / 왼쪽

library / right
도서관 / 오른쪽

1   A **How can I get to the** _____ _____**?** 우체국에 어떻게 가나요?

   B **Go straight and turn** _____**.** 직진하다가 좌회전하세요.

2   A _____ **can I get to the bus stop?** 버스 정류장에 어떻게 가나요?

   B **Go straight and** _____ _____**.** 직진하다가 우회전하세요.

3   A **How can I** _____ ____ _____ _____ _____**?**
경찰서에 어떻게 가나요?

   B **Go straight** _____ _____ _____**.** 직진하다가 좌회전하세요.

4   A _____ **can I** _____ ____ _____ _____**?**
도서관에 어떻게 가나요?

   B _____ _____ _____ _____ _____**.**
직진하다가 우회전하세요.

🔑 A _____ 박물관에 어떻게 가나요?
key

   B **Go straight and** _____ _____**.** 직진하다가 우회전하세요.

★ 길을 자세히 설명하기 위해 다음과 같은 말을 덧붙일 수 있어요.
Go straight two blocks. (두 블록 직진하세요.) Turn left at the first corner. (첫 번째 코너에서 좌회전하세요.)

녹음한 음원은
꼭 다시 들어 보세요!

●**REC** 오늘 배운 회화 표현을 녹음해 보세요.

How about turning off the water?
물을 끄는 게 어때?

Listen and Guess　그림을 보며 대화를 듣고 어떤 내용인지 추측해 보세요.

UNIT 48-1

How about turning off the water?

Okay. You're right.

잠깐만요　앞에서 'Let's ~'라는 권유하는 표현을 배웠던 것 기억하나요? 'How about ~?'도 권유하는 표현이지만 'Let's ~'처럼 같이 하자는 느낌보다는 당연히 해야 할 일을 좀 더 부드럽게 요청하는 느낌이에요.

Listen and Speak　잘 듣고 따라 말해 보세요.

UNIT 48-2

 How about turning off the water?　물을 끄는 게 어때?

 Okay. You're right.　네. 맞아요.

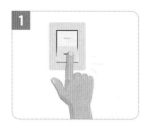

1

turning off the light
불 끄기

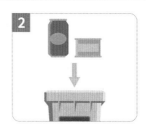

2

recycling cans
캔을 재활용하기

3

using the stairs
계단 이용하기

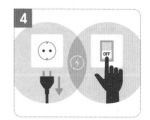

4

saving energy
에너지 절약하기

1 A How about _____ _____ _____ _____?

불을 끄는 게 어때?

B Okay. You're right. 네. 맞아요.

2 A How about _____ _____? 캔을 재활용하는 게 어때?

B Okay. _____ _____. 네. 맞아요.

3 A _____ about _____ _____ _____?

계단을 이용하는 게 어때?

B _____. You're right. 네. 맞아요.

4 A _____ _____ _____ _____? 에너지를 아끼는 게 어때?

B Okay. _____ _____. 네. 맞아요.

key A _____

물을 끄는 게 어때?

B _____. You're right. 네. 맞아요.

★ 'How about ~' 뒤에는 동사원형이 아니라 「동사 + -ing」 형태가 온다는 거 잊지 마세요. use와 save처럼 e로 끝나는 동사에서는 e를 빼고 ing를 붙여요.

녹음한 음원은 꼭 다시 들어 보세요!

●**REC** 오늘 배운 회화 표현을 녹음해 보세요.

초등 6학년 | 일과 시간 묻고 답하기

What time do you get up?

넌 몇 시에 일어나니?

Listen and Guess 그림을 보며 대화를 듣고 어떤 내용인지 추측해 보세요.

잠깐
만요

이번에는 일상적으로 하는 일에 대해 시간을 묻는 표현이에요. 매일 반복적으로 하는 일에 대해 보통 몇 시쯤 하냐고 묻는 거지요. 그래서 항상 현재형을 써서 질문하고 답한다는 거 잊지 마세요. 숫자 연습은 자주 했으니 이제 자신있지요?

Listen and Speak 잘 듣고 따라 말해 보세요.

 What time do you get up? 넌 몇 시에 일어나니?

 I usually get up at 7. 난 보통 7시에 일어나.

1 go to bed at 9
9시에 잠을 잔다

2 have breakfast at 8
8시에 아침을 먹는다

3 take a shower at 6
6시에 샤워를 한다

4 play the piano at 5
5시에 피아노를 친다

1 **A** What time do you go to bed? 넌 몇 시에 잠을 자니?

   B I usually _____ _____ _____ _____ ___. 난 보통 9시에 자.

2 **A** _____ _____ do you have breakfast? 넌 몇 시에 아침을 먹니?

   B ___ usually _____ _____ _____ ___.
   난 보통 8시에 아침을 먹어.

3 **A** _____ _____ _____ _____ take a shower?
   넌 몇 시에 샤워를 하니?

   B I _____ _____ ___ _____ _____ ___. 난 보통 6시에 샤워를 해.

4 **A** _____ _____ do you _____ _____ _____?
   넌 몇 시에 피아노를 치니?

   B ___ _____ _____ _____ _____ _____ ___.
   난 보통 5시에 피아노를 쳐.

🔑 **A** _____ 넌 몇 시에 일어나니?
key

   B I usually _____ _____ _____ ___. 난 보통 7시에 일어나.

★ usually처럼 빈도를 나타내는 말을 '빈도부사'라고 해요. 빈도부사에는 다양한 종류가 있어요.

always	usually	often	sometimes	never
항상	보통	자주	가끔	절대 ~하지 않다

녹음한 음원은
꼭 다시 들어 보세요!

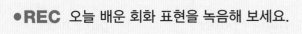

●**REC** 오늘 배운 회화 표현을 녹음해 보세요.

Do you know anything about *hanok*?
넌 한옥에 대하여 (어떤 것을) 아니?

Listen and Guess 그림을 보며 대화를 듣고 어떤 내용인지 추측해 보세요.

UNIT 50-1

Do you know anything about *hanok*?

Yes, I do. It's a traditional Korean house.

잠깐만요 우리가 외국 문화에 대해 궁금하거나, 외국인이 우리나라 문화에 대해 궁금할 때 쓸 수 있는 표현으로, 어떤 것에 대해 아는지 물을 때는 「Do you know anything about + 명사?」를 써요. anything은 주로 부정문이나 의문문에서 쓰는 단어에요. 긍정적인 대답은 'Yes, I do.', 부정적인 대답은 'No, I don't.'로 할 수 있어요.

Listen and Speak 잘 듣고 따라 말해 보세요.

UNIT 50-2

 Do you know anything about *hanok*?
넌 한옥에 대하여 (어떤 것을) 아니?

  Yes, I do. It's a traditional Korean house.
응, 알아. 그건 전통적인 한국 가옥이야.

1
minhwa / painting
민화 / 그림

2
hanbok / dress
한복 / 옷

3
hanji / paper
한지 / 종이

4
gat / hat
갓 / 모자

1 **A** Do you know anything about _____?

넌 민화에 대하여 (어떤 것을) 아니?

B Yes, I do. It's a traditional Korean _____.

응, 알아. 그건 전통적인 한국 그림이야.

2 **A** _____ _____ _____ anything about _____?

넌 한복에 대하여 (어떤 것을) 아니?

B _____, I do. It's a traditional Korean _____.

응, 알아. 그건 전통적인 한국 옷이야.

3 **A** Do you know _____ _____ _____?

넌 한지에 대하여 (어떤 것을) 아니?

B Yes, ___ ____. It's a traditional _____ _____.

응, 알아. 그건 전통적인 한국 종이야.

4 **A** _____ _____ _____ _____ _____

_____? 넌 갓에 대하여 (어떤 것을) 아니?

B Yes, I do. It's a _____ _____

_____. 응, 알아. 그건 전통적인 한국 모자야.

key **A** _____

넌 한옥에 대하여 (어떤 것을) 아니?

B Yes, I do. It's a traditional _____ _____.

응, 알아. 그건 전통적인 한국 가옥이야.

녹음한 음원은
꼭 다시 들어 보세요!

●**REC** 오늘 배운 회화 표현을 녹음해 보세요.

A 단어나 어구를 잘 듣고 빈칸에 알맞은 철자를 써 넣으세요. 🔊

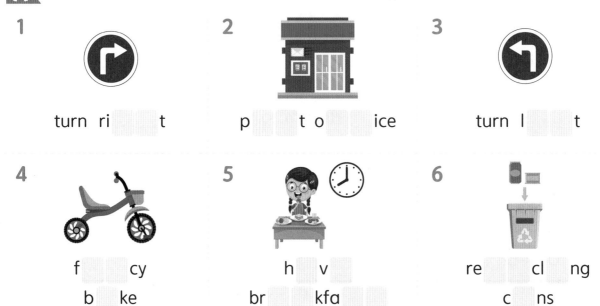

1 turn ri ___ t

2 p ___ t o ___ ice

3 turn l ___ t

4 f ___ cy
b ___ ke

5 h ___ v ___
br ___ kfa ___

6 re ___ cl ___ ng
c ___ ns

B 대화를 잘 듣고 상황을 가장 잘 묘사한 그림을 골라 보세요. 🔊

1
a
b

2
a
b

3
a
b

C 우리말에 맞게 주어진 단어를 바르게 배열해 보세요.

1 불을 끄는 게 어때? turning | ? | How | the light | about | off

➡ _____

2 난 보통 6시에 샤워를 해. at 6 | I | . | usually | a | take | shower

➡ _____

3 경찰서에 어떻게 가나요? the | I | ? | police station | can | get to | How

➡ _____

4 그건 전통적인 한국 모자야. a | It's | traditional | . | hat | Korean

➡ _____

5 이렇게 멋진 그림이라니! wonderful | ! | What | picture | a

➡ _____

☺ On Your Own

자신의 상황에 맞게 영작해 보고
그림으로도 나타내 보세요.

Q What time do you get up?

A _____

_____

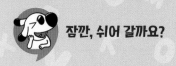

알아두면 쓸모 있는
교실 영어 표현

1 May I ask you a question? 질문 하나 해도 돼요?

2 I don't understand. 이해가 안 돼요.

3 How do you say '공부하다' in English? '공부하다'를 영어로 어떻게 말해요?

4 One more time, please. (듣기 활동 중에) 한 번만 더요.

5 I'm done. (과제를 끝냈을 때) 다 했어요.

바빠 초등
영어 교과서
필수 표현

정답

① 정답을 확인한 후 틀린 문제는 ★표를 쳐 놓으세요~   ② 틀린 문제는 다시 한 번 풀어 보세요.

※ 틀린 문제를 확인하는 습관을 들이면 공부 실력을 키울 수 있어요!

 정답

UNIT 01 | Hello, I'm Seho. 11쪽

1 Brian   2 I'm / I'm, Jimin   3 Seho / I'm,
Hana   4 I'm, Seho / Hello(Hi), I'm, Lea
🔑 Hello, I'm Seho. / Clara

UNIT 02 | How are you? 13쪽

1 I'm, great   2 How / So-so   3 are / Not, bad
4 How, are / I'm, not, good
🔑 How are you? / I'm, fine

UNIT 03 | How old are you? 15쪽

1 eight   2 How / nine   3 How, old / I'm, ten
4 How, old, are, you / I'm, eleven
🔑 How old are you? / seven

UNIT 04 | What's this? 17쪽

1 a, fan   2 this / It's, a, book   3 What's / an,
eraser   4 that / It's, an, umbrella
🔑 What's this? / a, ball

UNIT 05 | What color is this? 19쪽

1 yellow   2 color / blue   3 What / It's, green
4 What, color / It's, purple   🔑 What color is
it? / red

REVIEW 01 20~21쪽

Ⓐ 1 eight   2 fan   3 eleven   4 purple
   5 umbrella   6 yellow
Ⓑ 1 a   2 b   3 b
Ⓒ 1 How are you?   2 It's a book.
   3 What color is this?   4 I'm great. Thanks.
   5 I'm ten years old.

😊 On Your Own

ex I'm great. Thanks.
배운 표현을 활용해 자신만의 대답을 해 보세요.

UNIT 06 | How's the weather? 23쪽

1 rainy   2 How's / cloudy   3 weather / It's,
snowy   4 How's, weather / It's, windy
🔑 How's the weather? / sunny

UNIT 07 | What day is it today? 25쪽

1 Tuesday   2 What, day / Wednesday
3 Thursday   4 Friday   5 It's, Saturday
6 Sunday   🔑 What day is it today? /
Monday

UNIT 08 | What time is it now? 27쪽

1 nine, thirty   2 now / twelve, o'clock
3 What, time / one, forty-five   4 What, time,
is, it / It's, two, fifty   🔑 What time is it now?
/ seven, o'clock

UNIT 09 | Stand up, please. 29쪽

1 Sit, down   2 Open, the, door   3 Close,
the, window, please   4 Come, in   🔑 Stand
up, please.

UNIT 10 | Don't run. 31쪽

1 push   2 eat / I'm   3 touch / sorry
4 Don't, talk / I'm, sorry   🔑 Don't run. / I'm,
sorry

REVIEW 02   32~33쪽

Ⓐ **1** cloudy   **2** two fifty   **3** Thursday
     4 push   **5** come in   **6** touch

Ⓑ **1** b   **2** b   **3** a

Ⓒ **1** It's Saturday.   **2** Close the window,
please.   **3** How's the weather?
4 It's seven o'clock.   **5** What day is it
today?

☺ **On Your Own**
ⓔⓧ It's sunny.

UNIT 11 | How many apples?   35쪽

1 Three, dogs   **2** bananas / Four, bananas
3 How / Six, cats   **4** How, many / Nine,
oranges   ⚷ How many apples? / Five,
apples

UNIT 12 | I can swim.   37쪽

1 sing / sing   **2** you / can, skate   **3** Can /
Yes, jump   **4** Can, you / I, can, run
⚷ swim / I can swim.

UNIT 13 | I can't dance.   39쪽

1 I, can't, walk   **2** ski / No, I, can't, ski
3 Can / No, can't, I, can't, cook   **4** Can, you
/ No, I, can't, I, can't, see   ⚷ dance / I can't
dance.

UNIT 14 | I like pizza.   41쪽

1 I, like, curry   **2** bread / I, like, bread
3 like / I, do, ice, cream   **4** Do, you / Yes, I,
like, salad   ⚷ pizza / I like pizza.

UNIT 15 | I don't like fishing.   43쪽

1 don't, like, hiking   **2** swimming / don't, I,
don't, like, swimming   **3** like / I , don't, I,
don't, like, reading   **4** Do, you, like / No, I,
don't, I, don't, like, listening, to, music
⚷ fishing / I don't like fishing.

REVIEW 03   44~45쪽

Ⓐ **1** skate   **2** walk   **3** jump   **4** salad
     5 swimming   **6** bread

Ⓑ **1** b   **2** a   **3** b

Ⓒ **1** Can you run?   **2** I can't dance.
3 I don't like fishing.   **4** How many cats?
5 Do you like pizza?

☺ **On Your Own**
ⓔⓧ No, I can't. I can't swim.

UNIT 16 | I'm happy.   47쪽

1 am, sad   **2** you / I, am, I'm, angry   **3** Are,
tired / Yes, am, I'm, tired   **4** Are, you, hungry /
Yes, I, am, hungry   ⚷ happy / I'm happy.

UNIT 17 | Who is she?   49쪽

1 She, mom   **2** he / my, dad   **3** Who / He,
my, brother   **4** Who, is / He, is, my, uncle
⚷ Who is she? / She, my, sister

UNIT 18 | What are you doing?   51쪽

1 studying, English   **2** doing / I'm, playing, a,
game   **3** What / I'm, cleaning, a, room
4 What, doing / I'm, watching, TV   ⚷ What
are you doing? / drawing, a, picture

정답

UNIT **19** | What do you want? 53쪽

1 a, computer **2** want / want, a, kite
3 What, want / I, want, some, toy, cars
4 What, do, you / I, want, some, comic,
books ○━ What do you want? / an, airplane

UNIT **20** | Let's play soccer. 55쪽

1 baseball / Okay **2** go, shopping / I, can't
3 Let's, ride, a, bike / Sorry, I'm **4** go, to,
the, library / Sorry, can't, busy
○━ Let's play soccer. / Sorry, I, can't

REVIEW **04** 56~57쪽

Ⓐ **1** a<u>ng</u>ry **2** play <u>baseb</u>all **3** <u>t</u>ired **4** <u>uncle</u>
  5 h<u>ung</u>ry **6** comp<u>u</u>ter
Ⓑ **1** a **2** b **3** b
Ⓒ **1** I want some comic books. **2** Let's go to
  the library. **3** Are you angry? **4** He is my
  dad. **5** What are you doing?

☺ **On Your Own**
ex I'm studying English.

UNIT **21** | Where is my watch? 59쪽

1 my, phone **2** Where, is, notebook / on
3 Where, mask / It's **4** Where, her, hairpin /
on, the, desk ○━ Where is my watch? / on,
the, desk

UNIT **22** | They're on the table. 61쪽

1 in, the, box **2** Where / under, the, bed
3 Where, are / They're, behind, the, computer
4 Where, my, pens / next, to, the, closet
○━ Where, are / They're on the table.

UNIT **23** | How much is it? 63쪽

1 seven, hundred **2** How much / It's, two,
won **3** is, it / It's, eight, thousand **4** How,
much, is, it / ten, thousand ○━ How much is
it? / five, hundred

UNIT **24** | Is this your bag? 65쪽

1 your, glue / mine **2** Is, your, rocket / It's,
mine **3** Is, this, your, shoe / Yes, it, is **4** Is,
this, soccer, ball / It's, mine ○━ Is this your
bag? / Yes, it, is

UNIT **25** | It's not mine. 67쪽

1 your, hair, band **2** that, your, tennis, racket
/ No **3** Is, that, your, jump, rope / it, isn't,
mine **4** Is, that, your, picture / No, It's, not,
mine ○━ your, skateboard / It's not mine.

REVIEW **05** 68~69쪽

Ⓐ **1** my p<u>h</u>o<u>n</u>e **2** two <u>th</u>ou<u>s</u>an<u>d</u> **3** r<u>o</u>cke<u>t</u>
  4 pic<u>t</u>ure **5** jump r<u>o</u>pe **6** <u>in</u> the b<u>o</u>x
Ⓑ **1** b **2** b **3** a
Ⓒ **1** It's not mine. **2** It's eight thousand won.
  3 Is this your soccer ball? **4** Where
  is her hairpin? **5** They're behind the
  computer.

☺ **On Your Own**
ex It's on the desk.

136

UNIT 26 | Where are you from?　73쪽

1 the, USA **2** Where / from, Canada **3** are, you / from, China **4** from / I'm, from, France
O Where are you from? / Korea

UNIT 27 | What grade are you in?　75쪽

1 second, grade **2** What, grade, in / in, the, third, grade **3** I'm in the fourth grade. **4** I'm in the fifth grade. **5** I'm in the sixth grade.
O What grade are you in? / first, grade

UNIT 28 | What's your favorite subject?　77쪽

1 favorite, subject / math **2** What's / is, science **3** What's, subject / My, favorite, is, music **4** your, favorite, subject / favorite, subject, is, P. E. **O** What's your favorite subject? / English

UNIT 29 | She has long curly hair.　79쪽

1 short, straight, hair **2** What, does / She, big, brown, eyes **3** look, like / has, big, blue, eyes **4** What, she, look / She, has, a, small, mouth **O** What, look, like / She has long curly hair.

UNIT 30 | It's in front of the restaurant.　81쪽

1 in, front, of **2** Where / behind, the, bus, stop **3** the, library / between, and **4** Where, is / It's, next, to, the, park
O Where, is, library / It's in front of the restaurant.

REVIEW 06　82~83쪽

A **1** France **2** science **3** second **4** fourth **5** big brown eyes **6** math
B **1** a **2** b **3** a
C **1** I'm from Canada. **2** My favorite subject is English. **3** I'm in the third grade. **4** It's between the hair salon and the bank. **5** He has short straight hair.

On Your Own
ex I'm in the fifth grade.

UNIT 31 | What do you do in your free time?　85쪽

1 watch, movies **2** in, your, free, time / I, grow, vegetables **3** What, in, your, free, time / I, read, science, books **4** What, do, you, do / I, go, to, my, farm, in, my, free, time
O What do you do in your free time? / I, bake, bread

UNIT 32 | What will you do this summer?　87쪽

1 learn, Chinese **2** What, will, this, summer / I'll, take, a, dance, class **3** this, summer / visit, the, museum **4** What, will, you, do / I'll, attend, a, festival, this, summer **O** What will you do this summer? / ride, on, a, boat

UNIT 33 | What did you do yesterday?　89쪽

1 played, basketball **2** yesterday / I, made, a, robot **3** What, did, you, do / went, on, a, picnic, yesterday **4** What, did, you, do / I, visited, my, grandparents, yesterday
O What did you do yesterday? / I, went, to, the, museum

137

UNIT **34** | Why are you happy? 91쪽

1 made, new, friends **2** Why / I, got, a, present **3** Why, are, you / Because, lost, my, purse **4** are, you, upset / Because, I, missed, the, bus ⚓ Why are you happy? / I, won, the, soccer, game

UNIT **35** | Can I take a picture? 93쪽

1 get, a, map **2** I, use, the, computer / Sorry **3** Can, I, swim, here / Sure, can **4** Can, I, try, on, this, T-shirt / Sorry, can't ⚓ Can I take a picture? / you, can

REVIEW **07** 94~95쪽

Ⓐ **1** grow vegetables **2** played basketball **3** lost my purse **4** visit the museum **5** swim here **6** got a present

Ⓑ **1** b **2** a **3** b

Ⓒ **1** I'll take a dance class this summer. **2** Because I lost my purse. **3** I go to my farm in my free time. **4** I visited my grandparents yesterday. **5** Can I try on this T-shirt?

☺ **On Your Own**

ⓔˣ I played basketball yesterday.

UNIT **36** | Whose ball is this? 97쪽

1 Whose, book **2** drone, is, this / It's **3** Whose, socks / Stella's **4** Whose, shoes, are, these / They're, Stella's ⚓ Whose ball is this? / Stella's

UNIT **37** | I have a stomachache. 99쪽

1 a, cold **2** What's / have, a, headache **3** wrong / I, have, a, fever **4** What's, wrong / a, toothache ⚓ wrong / I have a stomachache.

UNIT **38** | Drink lemon tea. 101쪽

1 Go, to, bed, early **2** cold / Stay, home, today, and **3** I, have / Take, some, medicine, get, some, rest **4** a, cold / Eat, some, hot, soup, and, get, some, rest ⚓ I, have, a, cold / Drink lemon tea and get some rest.

UNIT **39** | It's March 7th. 103쪽

1 February, 2nd **2** the, school, festival / It's, June, 3rd **3** When / August, 24th **4** When, is / It's, November, 30th ⚓ When, is, the, school, festival / It's March 7th.

UNIT **40** | I'm going to plant trees. 105쪽

1 make, an, eco-bag **2** What / to, join, a, ski, camp **3** What, are, you / going, to, take, a, piano, lesson **4** What, are, you, going, to / walk, the, dog ⚓ going, to, do / I'm going to plant trees.

REVIEW **08** 106~107쪽

Ⓐ **1** socks **2** headache **3** toothache **4** February 2nd **5** fever **6** drone

Ⓑ **1** b **2** a **3** b

C 1 It's November 30th. 2 Whose shoes are these? 3 I have a stomachache. 4 I'm going to join a ski camp. 5 Take some medicine and get some rest.

☺ **On Your Own**

ex I'm going to walk the dog.

UNIT 41 | I'm taller than you. 109쪽

1 faster / faster, than 2 stronger, than / You're, stronger, than 3 heavier, than, you / You're, not, heavier, than 4 I'm, busier, than / don't, think, busier, than, me ☞ I'm taller than you. / You're, not, than, me

---

UNIT 42 | What would you like? 111쪽

1 tomato, spaghetti 2 What / like, potato, pizza 3 What, would / I'd, like, apple, juice, please 4 you, like / a, milkshake, please ☞ What would you like? / fried, rice, please

---

UNIT 43 | How often do you exercise? 113쪽

1 Twice, a, week 2 exercise / Three, times, a, week 3 How, often / Four, times, a, week 4 do, you, exercise / Every, day ☞ How, often, exercise / Once a week.

UNIT 44 | You should wear a helmet. 115쪽

1 stop, at, the, red, light 2 wear, your, seatbelt / You're, right 3 should, wash, your, hands / Thank, you 4 brush, your, teeth / You're, right ☞ You should wear a helmet. / You're, right.

UNIT 45 | I want to be a painter. 117쪽

1 a, scientist 2 What / want, a, doctor 3 want, to / want, to, a, teacher 4 What, want, to, be / I, want, to, be, a, pilot. ☞ What, do, you, want, to, be / I want to be a painter.

REVIEW 09 118~119쪽

A 1 pilot 2 stronger 3 heavier 4 twice a week 5 every day 6 scientist
B 1 a 2 a 3 b
C 1 I'd like tomato spaghetti, please. 2 You're not stronger than me. 3 I want to be a pilot. 4 How often do you exercise? 5 You should wear your seatbelt.

☺ **On Your Own**

ex I want to be a doctor.

UNIT 46 | What a nice room! 121쪽

1 fancy, bike 2 bag / What, cool, bag 3 my, dress / What, a, beautiful, dress 4 is, my, picture / What, a, wonderful, picture ☞ This, is, my, room / What a nice room!

UNIT 47 | How can I get to the museum? 123쪽

1 post, office / left 2 How / turn, right 3 get, to, the, police, station / and, turn, left 4 How, get, to, the, library / Go, straight, and, turn, right ☞ How can I get to the museum? / turn, right

UNIT **48** | How about turning off the water?　125쪽

1 turning, off, the, light　**2** recycling, cans /
You're, right　**3** How, using, the, stairs / Okay
4 How, about, saving, energy / You're, right
O⛊ How about turning off the water? / Okay

UNIT **49** | What time do you get up?　127쪽

1 go, to, bed, at, 9　**2** What, time / I, have,
breakfast, at, 8　**3** What, time, do, you /
usually, take, a, shower, at, 6　**4** What, time,
play, the, piano / I, usually, play, the, piano,
at, 5　**O⛊** What time do you get up? / get, up,
at, 7

UNIT **50** | Do you know anything about *hanok*?　129쪽

1 minhwa / painting　**2** Do, you, know, hanbok
/ Yes, dress　**3** anything, about, hanji / I, do,
Korean, paper　**4** Do, you, know, anything,
about, gat / traditional, Korean, hat　**O⛊** Do
you know anything about hanok? / Korean,
house

REVIEW **10**　130~131쪽

Ⓐ **1** turn ri<u>gh</u>t　**2** p<u>o</u>st <u>o</u>ffice　**3** turn le<u>f</u>t
　4 f<u>a</u>ncy b<u>i</u>ke　**5** h<u>a</u>v<u>e</u> br<u>ea</u>kfa<u>s</u>t
　6 re<u>cy</u>cling c<u>a</u>ns
Ⓑ **1** b　**2** b　**3** a
Ⓒ **1** How about turning off the light?
　2 I usually take a shower at 6.
　3 How can I get to the police station?
　4 It's a traditional Korean hat.　**5** What a
wonderful picture!

😃 **On Your Own**
ⓔⓧ I usually get up at 7.

초등 영어 회화 카드 100

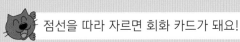 점선을 따라 자르면 회화 카드가 돼요!

Hello, I'm Seho.	How are you?	How old are you?
What's this?	What color is this?	How's the weather?
What day is it today?	What time is it now?	Stand up, please.
Don't run.	How many apples?	Can you swim?

영어 회화 카드 활용법

카드는 질문 카드 50장과
대답 카드 50장으로 되어 있어요.

1 질문 카드에 적힌 우리말을 보고
영어로 말해 보세요. 정답은 뒷
면에서 확인할 수 있어요. 힌트
키워드 는 카드 하단에 있어요.

2 질문 카드에 적힌 영어 질문에 해
당하는 대답 카드를 찾아 보세
요. 누가 먼저 찾는지 친구들과
시합을 하면 더욱 재미있어요.

3 질문 카드를 보고 책에서 배운 여
러 가지 표현을 활용해 다양한 대
답을 해 보세요.

넌 몇 살이니?

#나이 묻기 #How old

기분이 어때?

#안부 묻기 #How

안녕, 난 세호야.

#인사하기 #Hello

날씨가 어때?

#날씨 묻기 #weather

이것은 무슨 색이에요?

#색깔 이름 묻기 #What color

이것은 뭐예요?

#물건 이름 묻기 #What

일어서렴.

#명령하기 #친절하려면 please

지금 몇 시예요?

#시간 묻기 #What time

오늘은 무슨 요일이니?

#요일 묻기 #What day

넌 수영할 수 있니?

#할 수 있는 것 #Can

사과가 몇 개예요?

#물건 개수 묻기 #How many

뛰지 마.

#금지하기 #Don't

Can you dance?	Do you like pizza?	Do you like fishing?
Are you happy?	Who is she?	What are you doing?
What do you want?	Let's play soccer.	Where is my watch?
Where are my pens?	How much is it?	Is this your bag?
Is that your skateboard?	Where are you from?	What grade are you in?

넌 낚시하기를
좋아하니?

#좋아하는 것 #like -ing

넌 피자를 좋아하니?

#좋아하는 것 #like

넌 춤출 수 있니?

#할 수 있는 것 #Can

넌 뭐 하는 중이니?

#현재 하고 있는 일 #doing

그녀는 누구니?

#누구인지 묻기 #Who

넌 행복하니?

#기분 묻기 #happy

제 시계는 어딨어요?

#물건 위치 #Where #watch

(같이) 축구를 하자.

#권유하기 #Let's

넌 무엇을 원하니?

#원하는 것 #want

이것은 네 가방이니?

#물건의 주인 묻기 #this

얼마예요?

#물건 가격 #How much

내 펜들은 어디에 있니?

#물건 위치 #pens

넌 몇 학년이니?

#학년 묻기 #What grade

넌 어느 나라 사람이니?

#국적 묻기 #Where

저것은
네 스케이트보드니?

#물건의 주인 묻기 #that

What's your favorite subject?	What does she look like?	Where is the library?
What do you do in your free time?	What will you do this summer?	What did you do yesterday?
Why are you happy?	Can I take a picture?	Whose ball is this?
What's wrong?	I have a cold.	When is the school festival?
What are you going to do?	I'm taller than you.	What would you like?

도서관은
어디에 있니?

#건물 위치 묻기 #library

그녀는 어떻게 생겼니?

#사람의 외모 묻기 #look

네가 가장 좋아하는
과목은 무엇이니?

#좋아하는 과목 #favorite subject

넌 어제 뭐 했니?

#지난 일 묻기 #did

넌 이번 여름에
뭐 할 거니?

#미래 계획 묻기 #will

넌 여가 시간에
뭘 하니?

#여가 시간에 하는 일 #free time

이것은
누구의 공이니?

#사물의 주인 묻기 #Whose

사진을 찍어도
되나요?

#허락 요청하기 #Can I

넌 왜 기분이 좋니?

#감정의 이유 묻기 #Why

학교 축제는 언제야?

#날짜 묻기 #When

전 감기 걸렸어요.

#증상 말하기 #cold

어디가 아프니?

#증상 묻기 #What

어떤 걸로
드시겠어요?

#음식 권유하기 #would

난 너보다 키가 커.

#비교하기 #taller than

넌 뭘 할 계획이니?

#가까운 계획 묻기 #be going to

How often do you exercise?	You should wear a helmet.	What do you want to be?
This is my room.	How can I get to the museum?	How about turning off the water?
What time do you get up?	Do you know anything about *hanok*?	Hi, I'm Clara.
I'm fine. Thanks.	I'm seven years old.	It's a ball.
It's red.	It's sunny.	It's Monday.

넌 뭐가 되고 싶니?

#장래 희망 묻기 #want

넌 헬멧을 써야 해.

#조언하기 #should

넌 얼마나 자주
운동을 하니?

#횟수 묻기 #How often

물을 끄는 게 어때?

#권유하기 #How about

박물관에
어떻게 가나요?

#길 묻기 #How can I

이곳은 내 방이야.

#설명하기 #this

안녕, 난 클라라야.

넌 한옥에 대하여
(어떤 것을) 아니?

#세부 사항 묻기 #hanok

넌 몇 시에 일어나니?

#일과 시간 묻기 #get up

그것은 공이야.

전 7살이에요.

좋아. (물어봐 줘서)
고마워.

월요일이야.

(날씨가) 맑아.

그것은 빨간색이야.

It's seven o'clock.	Okay.	Oops. I'm sorry.
Five apples.	Yes, I can. I can swim.	No, I can't. I can't dance.
Yes, I do. I like pizza.	No, I don't. I don't like fishing.	Yes, I am. I'm happy.
She is my sister.	I'm drawing a picture.	I want an airplane.
Sorry, I can't. I'm busy.	It's on the desk.	They're on the table.

어머. 죄송해요.	네.	7시 정각이야.
아니. 난 출출 수 없어.	응. 난 수영할 수 있어.	5개요. (5개의 사과들이요.)
네. 전 행복해요.	아니요, 전 낚시하기를 좋아하지 않아요.	응. 난 피자를 좋아해.
전 비행기 (1대)를 원해요.	난 그림을 그리는 중이야.	그녀는 내 여동생이야.
그것들은 탁자 위에 있어.	그것은 책상 위에 있어.	미안하지만, 안 돼. 바쁜 일이 있어.

It's five hundred won.	Yes, it is. It's mine.	No, it isn't. It's not mine.
I'm from Korea.	I'm in the first grade.	My favorite subject is English.
She has long curly hair.	It's in front of the restaurant.	I bake bread in my free time.
I'll ride on a boat this summer.	I went to the museum yesterday.	Because I won the soccer game.
Sure, you can.	It's Stella's.	I have a stomachache.

아니. 그것은 내 것이 아니야.	응. 내 거야.	500원이란다.
내가 가장 좋아하는 과목은 영어야.	전 1학년이에요.	난 한국 사람이야.
난 여가 시간에 빵을 구워.	그건 식당 앞에 있어요.	그녀는 긴 곱슬머리를 가지고 있어.
왜냐하면 내가 축구 경기에서 이겼어.	난 어제 박물관에 갔어요.	난 이번 여름에 보트를 탈 거야.
전 배가 아파요.	그것은 스텔라 거야.	물론이에요.

Drink lemon tea and get some rest.	It's March 7th.	I'm going to plant trees.
I don't think so. You're not taller than me.	I'd like fried rice, please.	Once a week.
You're right. Thank you.	I want to be a painter.	What a nice room!
Go straight and turn right.	Okay. You're right.	I usually get up at 7.
Yes, I do. It's a traditional Korean house.		

난 나무를 심을 거야.	3월 7일이야.	레몬 차를 마시고 푹 쉬렴.
일주일에 한 번 해.	전 볶음밥으로 할게요.	난 그렇게 생각하지 않아. 너는 나보다 키가 더 크지 않아.
이렇게 좋은 방이라니!	난 화가가 되고 싶어.	맞아요. 감사합니다.
난 보통 7시에 일어나.	네. 맞아요.	직진하다가 우회전하세요.
		응, 알아. 그건 전통적인 한국 가옥이야.

3·4학년 영어 교과서 필수 표현 목록

▼ 카드 짝꿍을 찾을 때에도 활용할 수 있어요!

01	Hello, I'm Seho. 안녕, 난 세호야.	Hi, I'm Clara. 안녕, 난 클라라야.
02	How are you? 기분이 어때?	I'm fine. Thanks. 좋아. (물어봐 줘서) 고마워.
03	How old are you? 넌 몇 살이니?	I'm seven years old. 전 7살이에요.
04	What's this? 이것은 뭐예요?	It's a ball. 그것은 공이야.
05	What color is this? 이것은 무슨 색이에요?	It's red. 그것은 빨간색이야.
06	How's the weather? 날씨가 어때?	It's sunny. 맑아.
07	What day is it today? 오늘은 무슨 요일이니?	It's Monday. 월요일이야.
08	What time is it now? 지금 몇 시예요?	It's seven o'clock. 7시 정각이야.
09	Stand up, please. 일어서렴.	Okay. 네.
10	Don't run. 뛰지 마.	Oops. I'm sorry. 어머. 죄송해요.
11	How many apples? 사과가 몇 개예요?	Five apples. 5개요.(5개의 사과들이요.)
12	Can you swim? 넌 수영할 수 있니?	Yes, I can. I can swim. 응. 난 수영할 수 있어.
13	Can you dance? 넌 춤출 수 있니?	No, I can't. I can't dance. 아니, 난 춤출 수 없어.
14	Do you like pizza? 넌 피자를 좋아하니?	Yes, I do. I like pizza. 응. 난 피자를 좋아해.
15	Do you like fishing? 넌 낚시하기를 좋아하니?	No, I don't. I don't like fishing. 아니요. 전 낚시하기를 좋아하지 않아요.
16	Are you happy? 넌 행복하니?	Yes, I am. I'm happy. 네. 전 행복해요.
17	Who is she? 그녀는 누구니?	She is my sister. 그녀는 내 여동생이야.
18	What are you doing? 넌 뭐 하는 중이니?	I'm drawing a picture. 난 그림을 그리는 중이야.
19	What do you want? 넌 무엇을 원하니?	I want an airplane. 전 비행기 (1대)를 원해요.
20	Let's play soccer. (같이) 축구를 하자.	Sorry, I can't. I'm busy. 미안하지만, 안 돼. 바쁜 일이 있어.
21	Where is my watch? 제 시계는 어딨어요?	It's on the desk. 그것은 책상 위에 있어.
22	Where are my pens? 내 펜들은 어디에 있니?	They're on the table. 그것들은 탁자 위에 있어.
23	How much is it? 얼마예요?	It's five hundred won. 500원이란다.
24	Is this your bag? 이것은 네 가방이니?	Yes, it is. It's mine. 응. 내 거야.
25	Is that your skateboard? 저것은 네 스케이트보드니?	No, it isn't. It's not mine. 아니. 그것은 내 것이 아니야.

5·6학년 영어 교과서 필수 표현 목록

▼ 카드 짝꿍을 찾을 때에도 활용할 수 있어요!

26	Where are you from? 넌 어느 나라 사람이니?	I'm from Korea. 난 한국 사람이야.
27	What grade are you in? 넌 몇 학년이니?	I'm in the first grade. 전 1학년이에요.
28	What's your favorite subject? 네가 가장 좋아하는 과목은 무엇이니?	My favorite subject is English. 내가 가장 좋아하는 과목은 영어야.
29	What does she look like? 그녀는 어떻게 생겼니?	She has long curly hair. 그녀는 긴 곱슬머리를 가지고 있어.
30	Where is the library? 도서관은 어디에 있니?	It's in front of the restaurant. 그건 식당 앞에 있어요.
31	What do you do in your free time? 넌 여가 시간에 뭘 하니?	I bake bread in my free time. 난 여가 시간에 빵을 구워.
32	What will you do this summer? 넌 이번 여름에 뭐 할 거니?	I'll ride on a boat this summer. 난 이번 여름에 보트를 탈 거야.
33	What did you do yesterday? 넌 어제 뭐 했니?	I went to the museum yesterday. 전 어제 박물관에 갔어요.
34	Why are you happy? 넌 왜 기분이 좋니?(좋은 일이 있니?)	Because I won the soccer game. 왜냐하면 내가 축구 경기에서 이겼어.
35	Can I take a picture? 사진을 찍어도 되나요?	Sure, you can. 물론이에요.
36	Whose ball is this? 이것은 누구의 공이니?	It's Stella's. 그것은 스텔라 거야.
37	What's wrong? 어디가 아프니?	I have a stomachache. 전 배가 아파요.
38	I have a cold. 전 감기 걸렸어요.	Drink lemon tea and get some rest. 레몬 차를 마시고 푹 쉬렴.
39	When is the school festival? 학교 축제는 언제야?	It's March 7th. 3월 7일이야.
40	What are you going to do? 넌 뭘 할 계획이니?	I'm going to plant trees. 난 나무를 심을 거야.
41	I'm taller than you. 난 너보다 키가 더 커.	I don't think so. You're not taller than me. 난 그렇게 생각하지 않아. 너는 나보다 키가 더 크지 않아.
42	What would you like? 어떤 걸로 드시겠어요?	I'd like fried rice, please. 전 볶음밥으로 할게요.
43	How often do you exercise? 넌 얼마나 자주 운동을 하니?	Once a week. 일주일에 한 번 해.
44	You should wear a helmet. 넌 헬멧을 써야 해.	You're right. Thank you. 맞아요. 감사합니다.
45	What do you want to be? 넌 뭐가 되고 싶니?	I want to be a painter. 난 화가가 되고 싶어.
46	This is my room. 이곳은 내 방이야.	What a nice room! 이렇게 좋은 방이라니!
47	How can I get to the museum? 박물관에 어떻게 가나요?	Go straight and turn right. 직진하다가 우회전하세요.
48	How about turning off the water? 물을 끄는 게 어때?	Okay. You're right. 네. 맞아요.
49	What time do you get up? 넌 몇 시에 일어나니?	I usually get up at 7. 난 보통 7시에 일어나.
50	Do you know anything about *hanok*? 넌 한옥에 대하여 (어떤 것을) 아니?	Yes, I do. It's a traditional Korean house. 응, 알아. 그건 전통적인 한국 가옥이야.